Dr. ALBERTO VILLOLDO

LA MEDICINA DEL ESPÍRITU

editorial Sirio

LA MEDICINA DEL ESPÍRITU

3ª edición: noviembre 2021

Título original: One Spirit Medicine
Traducido del inglés por Vicente Merlo
Diseño de portada: Editorial Sirio, S.A.

Publicado inicialmente en inglés por Hay House (UK) Ltd. en el año 2015
Emisión radiofónica de Hay House en www.hayhouseradio.com

www.editorialsirio.com
sirio@editorialsirio.com

I.S.B.N.: 978-84-16579-00-6
Depósito Legal: MA-422-2017

Impreso en Imagraf Impresores, S. A.
c/ Nabucco, 14 D - Pol. Alameda
29006 - Málaga

Impreso en España

Puedes seguirnos en Facebook, Twitter, YouTube e Instagram.

Para Elena Arellano de Villoldo y Elena Carpenter,
madre y hermana, con amor

INTRODUCCIÓN

Todo me estaba yendo bien. Profesionalmente me encontraba en la cresta de la ola. Era autor de *best-sellers,* con doce libros publicados, investigador y antropólogo médico, con un doctorado en Psicología, profesor y sanador con seguidores en todo el mundo. La Escuela del Cuerpo de Luz y la Sociedad de los Cuatro Vientos, que había fundado, habían crecido exponencialmente. Más de cinco mil estudiantes habían asistido a nuestra formación en medicina energética o me habían acompañado a la Amazonia y los Andes. Y estos eran solamente los logros visibles por el público. En mi corazón estaban los muchos regalos internos que había recibido en mi camino espiritual, incluyendo el regalo más precioso de todos, una amada compañera que camina junto a mí.

Precisamente cuando parecía que la vida no podía ir mejor, mi camino se detuvo. De repente, me encontré inmerso en una lucha por la supervivencia, que exigía recurrir a todo lo que había aprendido durante treinta años estudiando con los sanadores más dotados del mundo. ¿Sabes? Yo también soy chamán, formado en los caminos antiguos de la sanación en pueblos indígenas de las selvas y montañas de América del Sur, el Caribe y Asia.

La verdad es que la selva amazónica no es el Beverly Hilton, así que cuando le cuento a la gente lo que hago, me dicen: «¿Estás chiflado?». Comprendo su preocupación. El camino del chamán no es para todos. La formación es rigurosa y exigente y reclama un alto precio.

Estaba en México, encargado del discurso inaugural en un congreso sobre chamanismo cuando, sin previo aviso, me di cuenta de que no podía andar cien pasos sin sentirme exhausto. Mis amigos lo achacaban a mi loca agenda, pero yo sabía que algo grave estaba sucediendo. Unos días antes de emprender el viaje me habían realizado un chequeo completo, de pies a cabeza, complementado con una batería de exámenes, a cargo de especialistas de Miami. Cuando llamé a mis médicos desde México, las noticias no fueron buenas. Al parecer, durante mis años de investigación en Sudamérica, África e Indonesia, me había infectado una larga lista de asquerosos microorganismos, incluyendo cinco tipos diferentes de virus de la hepatitis, tres o cuatro variedades de parásitos, una inmensa cantidad de bacterias tóxicas y un buen surtido de gusanos. Los médicos me dijeron que mi corazón y mi hígado estaban cerca del colapso, y mi cerebro repleto de parásitos.

Cuando escuché las palabras «se trata de su cerebro, doctor Villoldo», me hundí en la desesperación. La ironía era que acababa de publicar un libro titulado *Conecta tu cerebro: la neurociencia de la iluminación.* Los médicos me recomendaron buscar la mejor atención posible y ponerme inmediatamente en la lista de trasplantes de hígado. Pero ¿dónde iba a encontrar un cerebro sano?

Después de la conferencia, mi esposa, Marcela, marchaba a la Amazonia, para dirigir una de esas expediciones que organizamos a la selva con chamanes que han viajado más allá de la muerte. Me quedé de pie en el área de salidas del aeropuerto de Cancún contemplando mis opciones: puerta 15, el vuelo a Miami, donde sería admitido en un centro médico de élite e ingresado para recibir tratamiento; puerta 14, el vuelo a Lima y la Amazonia, donde estaría con Marcela y en la tierra de mis raíces espirituales. Los resultados de todos los test habían indicado que me estaba muriendo. Los médicos incluso habían llegado a decir que debería estar ya muerto. La elección lógica era Miami, pero en ese momento reuní todo el coraje para poner el futuro allí donde estaba mi palabra –para vivir lo que había enseñado a tantas personas–. La entrada de mi diario de esa noche reza así:

> Me sentí como si fuera el último día de mi vida. Estaba abrumado por la tristeza ante la idea de abandonar esta hermosa tierra, ¡y además tenía que dar una conferencia ante ciento cincuenta personas! Sabía que debía ir a la selva con Marcela; de otro modo, ingresaría en un hospital de Miami, buscando mi medicina en el lugar equivocado. Ahora estoy con la mujer a la que amo, volviendo al jardín en el que, por primera vez, encontré mi camino.

En la Amazonia, los chamanes me recibieron amorosamente. Esos hombres y mujeres eran amigos que me habían conocido durante décadas. ¿Y quién me conocía mejor que la Madre Tierra? Ella me recibió como solo una madre puede hacerlo. Cuando apreté mi cuerpo contra el suyo, me dijo:

—Bienvenido a casa, hijo.

Esa noche había una ceremonia con ayahuasca, un brebaje extraído de la *Banisteriopsis caapi*, planta que usan los chamanes para tener visiones y para sanar. Estaba demasiado débil para participar y me quedé en la choza, cerca del río. Marcela fue en nombre de los dos. El vínculo que nos une se refleja en cómo nos decimos el uno al otro *te quiero*: «desde siempre y para siempre». Podía escuchar los susurros del chamán, y sus evocadoras canciones llegaban hasta mí como flotando a través del río, al mismo tiempo que entraba en una ligera meditación.

Horas más tarde, Marcela volvió sonriente. La Pachamama –la Madre Tierra– le había estado hablando durante toda la noche.

—Yo hago crecer todas las cosas sobre mí. Voy a darle un hígado nuevo a Alberto. Todo lo demás él sabe cómo curarlo.

La Pachamama estaba expresando su amor hacia mí y su gratitud por haber conducido a tantos hijos suyos hacia ella. Al concederme un hígado nuevo, me estaba dando la vida. Al día siguiente escribí en mi diario:

> Después del yoga matutino, se me apareció un ser luminoso a plena luz del día. Salió del río y lo vi como en un sueño. Era un espíritu femenino que me tocó el pecho y me dijo que yo era un hijo de la Pachamama y viviría muchos años más, y

que ella cuidaría de mí, pues mi trabajo en la Tierra todavía no había terminado.

Mi vuelta a la Amazonia fue el comienzo de un retorno a mí mismo. Pero antes había mucho trabajo que hacer. Para empezar, estaba profundamente enfermo. Tuve que convertirme en viajero de un viaje de sanación similar al que había pedido a otros. Y tuve que recordarme a mí mismo: «Aquí no hay garantías, Alberto. Una cosa es curarse y otra sanarse. Puede que no te cures. Quizás mueras. Pero, independientemente de lo que ocurra, serás sanado. No saldrás de la selva para volver a tu antigua manera de ser».

Podía sentir cómo la fuerza vital me abandonaba. Cuando me vi en el espejo a la media luz del amanecer amazónico, observé que el campo luminoso de energía que rodeaba mi cuerpo era delgado y pálido, no fuerte y brillante como debería ser. Mi rostro mostraba la misma palidez grisácea que había visto en la gente que estaba a punto de morir.

Cancelé todos los compromisos que tenía, charlas, conferencias, clases. El primer compromiso para hablar que cancelé era en Suiza, donde el famoso sanador brasileño Juan de Dios estaba en el programa. Nunca me había encontrado con Juan, pero conocía al presidente de su organización. A los pocos días, recibí una llamada en la que me ofrecía una sanación a distancia. Más tarde escribiría en mi diario:

> Juan trabajó sobre mí con sus entidades y sentí un gran espíritu en la cabecera de mi cama. Pude sentir cómo se retiraba un amasijo de cuerdas de mi hígado, extrayendo gruesas fibras de él. Otras entidades trabajaban en mi corazón. Y otras

llevaban a cabo una «operación quirúrgica» espiritual en mi cerebro. Me dejó fuera de combate. No pude salir de la cama en veinticuatro horas.

Desde la Amazonia, Marcela y yo volamos a Chile y a nuestro Centro de Medicina Energética, donde dirigimos talleres intensivos. El monasterio/retiro está en los Andes, cerca del monte Aconcagua, el pico más alto de las Américas. Nos establecimos allí por la montaña. En el viejo idioma inca, *Aconcagua* significa «donde se viene a encontrar a Dios». Justo lo que necesitaba. Había llegado el momento del encuentro que había estado posponiendo durante tanto tiempo. Ahora tenía un solo foco de atención –sanar–, que me exigía una dedicación total.

Mi cuerpo era un mapa de carreteras de las selvas y montañas en las que había trabajado como antropólogo, recogiendo las criaturas letales que se habían alojado en mi interior. La selva es un laboratorio viviente de biología y si uno permanece demasiado tiempo en él, se vuelve parte del experimento. Conocía antropólogos que habían muerto de las enfermedades que ahora albergaba en mí.

En realidad, la selva virgen de la Amazonia está libre de la mayoría de las enfermedades, pero para llegar hasta allí hay que atravesar puestos de avanzada de la civilización occidental llenos de mugre. Los indios no se dedicaban a contaminar sus propios nidos y su agua potable. Mientras tanto, el hombre blanco se rodeó de un mar de basura y de aguas residuales.

La medicina que recibí de los chamanes era potente, pero tuve que complementarla con tratamientos occidentales. Los médicos me dieron medicación contra los gusanos –del mismo tipo que les doy a mis perros– y antibióticos para matar otros parásitos. El problema era que los propios gusanos albergaban parásitos, de modo que cuando mataba a los gusanos, estos liberaban *sus* parásitos en mi cerebro, lo que resultaba muy tóxico. La situación era desesperada. Tenía el cerebro ardiendo por los agentes inflamatorios y los radicales libres producidos por los medicamentos, así como por los parásitos muertos y los moribundos. Era preciso que lo desintoxicara para evitar volverme completamente loco. La perplejidad y la confusión de mi cerebro resultaron obvias cuando intenté jugar con Marcela al Scrabble. El juego se convirtió en el barómetro de mi salud mental. No podía acceder a las palabras. Y luego comencé a perder el sentido del yo. Me entró pánico: «¿Qué pasa si olvido quién soy? ¿Qué pasa si pierdo la consciencia de mí mismo?». La locura me miraba fijamente desde el horizonte. La vi, la sentí, la respiré. Cada parte de mi ser se sentía aterrorizada.

Irónicamente, ese mismo miedo de perderme fue lo que me salvó. Durante los tres meses siguientes, simplemente observé la locura que estaba experimentando. Los chamanes (y los budistas) tienen una poderosa práctica de autoinvestigación que comienza con la pregunta: «¿Quién soy yo?». Al cabo de unos instantes, uno se pregunta: «¿Quién es el que se está haciendo la pregunta?». De modo que empecé a interrogarme: «¿Quién es el que está volviéndose loco?». No había ningún lugar donde ocultarse. Vi la locura. Otros la vieron también. Pero, como siempre sucede, hay otro aspecto del dolor. Las insondables profundidades en las que se sumergió mi espíritu fueron igualadas por las alturas a las que accedió mi alma. Comencé a comprender quién había sido desde el comienzo del tiempo y quién seré después de morir. El temor corrosivo fue compensado con el amor divino. Habité en ambos mundos, sin pertenecer a ninguno. Escribí en mi diario:

> Buda abandonó el palacio de su infancia después de ver la enfermedad, la vejez y la muerte. He vivido con estos tres lúgubres destripadores. Y he luchado para abandonar la ignorancia y la arrogancia que yo mismo había construido. Me he entregado al dolor y al éxtasis.

No hay modo de describir adecuadamente el pozo de oscuridad en que me sumí. Pero Juan de la Cruz, el místico del siglo XVI, debió de comprenderlo. Desde su celda escribió: «Allí en la afortunada oscuridad... oscuridad amplia y profunda;/sin signo alguno que observar/sin otra luz ni otra guía más que mi corazón/el fuego, el fuego interior».[1] También yo estaba en una celda, con mi alma ardiendo. Tuve un sueño:

> Estoy en nuestra casita de campo. En una especie de claustro. Estoy esperando recibir un tratamiento espiritual. La sanación por agua ya se ha realizado, pero la que yo estoy esperando, la iniciación a través del fuego, todavía no está lista.

Era el paciente que debería haber muerto ya, y ahora tendría que mirar fijamente a los ojos de la muerte si quería vivir. Tendría que recurrir a todo lo que había aprendido transitando el sendero del chamán: todas las prácticas de sanación, todas las técnicas para hacer crecer un cuerpo nuevo despertando la producción de células madre en el cerebro, el corazón y el hígado. Llamé a mi amigo David Perlmutter, un famoso neurólogo, con quien había escrito *Conecta tu cerebro*. Juntos, ideamos una estrategia usando potentes antioxidantes para estimular la producción de células madre neuronales que restableciesen mi cerebro. Durante los meses siguientes se sucedieron una gran cantidad de iluminaciones que fueron limpiando las huellas que la enfermedad había dejado en mi campo energético luminoso, así como inyecciones intravenosas de un antioxidante –el glutation– para desintoxicar mi hígado y remedios anímicos para recuperar partes de mí mismo. Estaba perdido en el trauma sufrido y en las experiencias extracorpóreas en las que mi espíritu volaba a los campos búdicos, a los *bardos*, a los cielos. La energía se movía, fluía, encontraba obstáculos y fluía otra vez. Estuve perdido en las alturas y en los sótanos, luchando por mi vida. Era empujado por el tiempo como un río de aguas mansas, y apreté el paso, sabiendo que tenía que hacerme amigo de la eternidad. En mi diario escribí sobre una de las recuperaciones de mi alma.

> Golpeé el tambor suavemente y viajé al mundo inferior para intentar recuperar mi propia alma. Sé que no es una buena idea. El chamán que se trata a sí mismo tiene por paciente a un loco. Pero conozco al Guardián, al inca Huáscar, y me condujo a la cámara de las heridas, donde hay un charco de sangre que desencadena memorias de derramamiento de sangre en mi infancia en Cuba, durante la revolución. Encontré un niño que me dijo que su pacto con Dios es que

nunca moriría y por eso no puede salir del infierno en el que se encuentra. Rompí ese pacto anímico y redacté uno nuevo que dice: «La vida, la muerte y el renacimiento viven en mí». El niño se alegra y me sigue. Entonces descubrimos a un niño de diez años, serio y triste, que nos explica que ha de quedarse detrás para cuidar al pequeño. Este había recibido transfusiones de sangre que le salvaron la vida cuando tenía dos años de edad, al verse contagiado de hepatitis C a causa de una jeringuilla contaminada. Le digo al niño de diez años que el pequeño está ahora conmigo, y el primero sonríe.

Esa noche tuve otro sueño:

Estoy con unos amigos mirando una tumba llena de flores. Estoy enterrado allí. Mis amigos dicen que me puedo quedar si quiero. Pero les digo que no necesitaré este trozo de tierra. Veo cómo mi alma se levanta del suelo.

Encontraba consuelo en mis sueños. Pero, a pesar de todos los regalos espirituales que estaba recibiendo, mi cuerpo todavía se sentía miserablemente mal. Temía que se estuviera agotando toda la fuerza vital que me quedaba. Esta es la energía destinada a ser usada al final de la vida, para morir conscientemente. Como dice el *Bhagavad Gita*: «Un ser humano va al estado en el que se halla focalizado en el momento de morir, al abandonar su cuerpo».[2]

Constantemente me preguntaba: «¿Dónde está el centro de mi atención?». Podía sentir mi mente tambaleándose al borde del precipicio. En mi diario escribí:

> El sufrimiento es mayor cuando uno cree que está al final de su existencia y se enfrenta a la posibilidad de la propia aniquilación. He descubierto el mundo espiritual, la continuación de la vida, y lo acepto. Hoy me he dicho a mí mismo: «Simplemente estoy volviendo a casa. Puede que sea duro –el nacimiento no fue fácil–, pero estoy volviendo a casa». Soy afortunado, pues conozco el camino. ¡Se me ha mostrado el camino en tantas ocasiones! En las ceremonias chamánicas he muerto una docena de veces. He visto cómo mi cuerpo se marchitaba y se pudría, y he ido a las estrellas. El cielo y el infierno me son familiares. Pero, igual que hicieron los espíritus cuando tenía dos años, me están diciendo que mi hora no ha llegado todavía.

Esta vez supe que tenía una elección. Podía elegir quedarme en el mundo del Espíritu. Sin embargo, los espíritus me decían que mi trabajo no estaba terminado. Tendría que volver a mi vida ordinaria. Mi mente condujo a mi cuerpo a un estado de colapso, y después a la entrega definitiva. Es entonces cuando supe que algo importante estaba a punto de ocurrir. Pero antes tenía que visitar el reino de los muertos.

Soñé lo siguiente:

> Marcela y yo estamos en una estación de ferry. Hay mucha gente esperando embarcar. Tenemos una pequeña embarcación para nosotros solos, una que pertenecía a mi padre. La gente nos ayuda a ponerla en marcha –yo sabía pilotarla, pues mi padre me había enseñado. No mi padre humano, sino mi Padre celestial–. Me preparo para cruzar la gran extensión de agua, hacia la tierra de mis ancestros en mi propia

> embarcación, no con los otros, que están subiendo al transbordador. Estoy haciendo el viaje a la tierra de los muertos, pero no con los muertos. Voy con mi mujer chamana.

Ahí estaba. Tenía una nueva misión en la vida. Ser un chamán. ¡Pero, espera! ¿No había atendido la llamada para ser chamán hacía mucho tiempo? Incluso había escrito un libro sobre ello, *Chamán, sanador, sabio.* No obstante, escribir un libro no lo convierte a uno en chamán, no más de lo que escribir un libro de cocina te convierte en chef o tener una biblioteca de obras espirituales te transforma en adepto espiritual. Durante años fui un guía espiritual, pero no un maestro. Era como el explorador de la jungla que puede hallar su camino a través del bosque, pero sabe poco de la meta. Escribí en mi diario:

> Durante años fui como Moisés, conduciendo a otros a la Tierra Prometida, pero sin permitírseme entrar en ella. Ahora eso ha cambiado. Estoy ya en la Tierra Prometida. Se me ha permitido entrar. Y he descubierto que la puerta siempre ha estado abierta, que era mi orgullo, mi ira y mi miedo los que me habían mantenido fuera.

Ahora el Espíritu me estaba ofreciendo otra vida dentro de esta. Estaba siendo llamado a entrar plenamente en mi destino, esta vez sin autoimportancia, sin la sutil seducción de la realización mundana. Las apariencias de mi vida podrían no cambiar, pero mi actitud tenía que hacerlo. Necesitaba un nuevo contrato con el Espíritu.

Me sentí liberado. Era libre. Esa noche soñé:

> Estoy dentro de una máquina de respirar y unos amigos me están diciendo adiós. Soy incapaz de moverme o de hablar, pero estoy feliz. Han desconectado lo que me mantenía en vida. Tengo que sacarme a mí mismo de la máquina de respirar para volver a la vida. Descubro que puedo hallar la eternidad sin morir. Me arranco el tubo de la boca y respiro. Estoy vivo. Comprendo que los milagros organizan el espacio-tiempo para que la sanación ocurra.

Esto fue seguido por otro sueño:

> Estoy guiando a un grupo en un viaje en autocar. Llegamos a un monasterio con muchas habitaciones vacías. En una habitación hay algunos altares con velas. Enciendo una de las velas, dejo varias monedas y luego desciendo una escalera espiral esculpida en la roca. A medida que se desciende, la escalera se estrecha. Llego a la planta baja y mientras alcanzo la salida, me doy cuenta de que el grupo no será capaz de entrar por la apertura. El significado parece claro: debo encontrar otro sendero, menos transitado. Necesito ir solo.

Una vez más, me hallaba en una encrucijada. Tenía que elegir. No era necesario que me quedase en la Tierra. Podía volver a casa. La última vez que se me ofreció esta oportunidad no era más que un niño, asustado y dolorido, pero ahora mi temor al Gran Viaje había pasado.

Y luego me di cuenta de que no tenía que morir literalmente. Podía morir simbólicamente. Podía quedarme y curarme, para poder ayudar y curar a otros. Una vez hice la elección, comencé a habitar de nuevo mis sentidos ordinarios.

Sentí cómo mi espíritu echaba raíces en mi cuerpo una vez más. Volvieron el asombro y el sobrecogimiento, a medida que la niebla de mi cerebro comenzó a disiparse y vi que mi camino era la responsabilidad hacia toda vida y hacia toda la Tierra.

Mi vuelta a la salud duró más de un año. Mi buen amigo, el médico Mark Hyman, que escribió *The Blood Sugar Solution* y *10-Day Detox Diet*, me ayudó a organizar un plan nutricional para mi sanación. Incluía zumos verdes por la mañana y superalimentos y suplementos que estimulan el sistema de autosanación que el cuerpo posee y desintoxican el hígado y el cerebro. Cambié por completo mi modo de comer.

En la actualidad estoy totalmente recuperado. O, más exactamente, estoy *más allá* de la recuperación. Soy una persona nueva. Mi mente está funcionando en un nivel más alto de lo que lo ha hecho durante décadas. Mi cerebro ha sido reparado, y también mi corazón. Y tengo un hígado nuevo –no un trasplante, sino mi propio hígado plenamente regenerado.

En *Conecta tu cerebro* escribí sobre la ciencia de la neuroplasticidad y acerca de cómo podemos estimular la producción de células madre nerviosas que restablecen el cerebro. Durante la crisis sufrida en mi salud, me convertí en mi propio experimento, y descubrí en ese proceso que no solo el cerebro produce células madre. Cada uno de nuestros órganos es capaz de hacerlo, y podemos aprender a encender estos sistemas de sanación y de recuperación para desarrollar un cuerpo nuevo, más sano y resiliente. Al mismo tiempo, también recurrí a la medicina energética que me habían enseñado los chamanes, eliminando de ese modo las huellas de la enfermedad de mi campo de energía luminosa y guiando mi cuerpo hacia la salud óptima.

Hasta ahora me he resistido a compartir mi viaje de sanación. La gente tiende a ser escéptica ante las recuperaciones «milagrosas». Cuando alguien me pregunta: «¿Qué es lo que le permitió volver del filo de la muerte?», generalmente digo: «La gracia del Espíritu». Eso es cierto, pero sé que hay algo más que eso. Si la gracia fuese el único factor en la recuperación, estaríamos todos con una salud espectacular. Lo que me permitió volver del filo de la muerte fue la Medicina del Espíritu –y no se necesita un milagro para ser sanado por ella.

La Medicina del Espíritu se basa en antiguos métodos de sanación chamánicos, que se remontan a nuestros antepasados del Paleolítico, hace unos cincuenta mil años, y que han sido recuperados por los últimos avances de la neurociencia moderna. La primera vez que me encontré con estas prácticas fue hace muchos años, durante mi trabajo de campo en la Amazonia y los Andes. Y estas prácticas tradicionales están siendo confirmadas hoy por lo que estamos aprendiendo sobre el cuerpo y el cerebro. Durante la última década, junto con los doctores Mark Hyman y David Perlmutter, he venido ofreciendo este programa a todos aquellos que acuden a nuestros retiros de una semana de duración para desintoxicarse y sanar. Se marchan con el cuerpo y el cerebro restablecidos. Ahora, en *La Medicina del Espíritu*, te ofrezco la posibilidad de desarrollar un cuerpo nuevo utilizando las mismas técnicas.

La crisis de salud que padecí fue más radical que la mayoría de las crisis, pero el hecho es que, en realidad, todos estamos inmersos en una lucha a vida o muerte con las fuerzas tóxicas de la vida moderna, que desequilibran nuestra salud y nuestro bienestar. Muchos de nosotros nos sentimos estresados, física y emocionalmente, y nos preguntamos por qué, con todos los medicamentos ansiolíticos y antidepresivos que tenemos a nuestro alcance y todas las técnicas de relajación de que disponemos, no somos capaces de resolver el problema.

Mientras tanto, la obesidad, la diabetes, el TDAH (trastorno por déficit de atención e hiperactividad), el autismo y el alzheimer están creciendo a un ritmo alarmante. Cerca del 70% de los norteamericanos tiene sobrepeso, y uno de cada tres niños nacidos en América del Norte desarrollará, alrededor de los quince años, diabetes tipo 2. El 50% de los –por otra parte saludables– ancianos de ochenta y cinco años está en situación de riesgo de padecer alzheimer,[3] enfermedad que se está empezando a denominar diabetes tipo 3 y que se halla relacionada con una dieta rica en gluten, basada en el trigo, y con un cerebro estresado.[4] Y estas son solo algunas de las dolencias que nos están matando prematuramente y afectando a nuestra calidad de vida.

Nuestros antepasados de la época paleolítica, así como muchas de las culturas tribales en las que viví en la Amazonia y los Andes, no tuvieron unas vidas breves y embrutecidas, como con frecuencia presuponemos. Disfrutaron de vidas más saludables, con menos incidencias bélicas y menos crímenes violentos, y sufrieron menos estrés que los que llegaron después de ellos, incluyéndonos a nosotros. ¿A qué se debe su salud y su bienestar? A su dieta, basada fundamentalmente en plantas, y a la Medicina del Espíritu.

La Medicina del Espíritu puede ayudarnos a evitar las enfermedades que arrasan la civilización actual. Los chamanes de la antigüedad eran maestros de la prevención. No hace falta estar gravemente enfermo para erradicar nuestro sufrimiento físico, emocional y espiritual y restablecer el equilibrio en nuestras vidas. Utilizando los principios y las prácticas que se ofrecen en estas páginas, uno se puede sentir mejor en pocos días y empezar a aclarar la mente y sanar el cerebro en una semana. Y en tan solo seis semanas es posible estar en camino hacia la construcción de un nuevo cuerpo que sane rápidamente y envejezca con gracia además de un cerebro que te sostenga en el establecimiento de una conexión profunda con el Espíritu y en la experiencia de un renovado sentido del propósito de la vida. La Medicina del Espíritu puede darte todo eso, igual que me lo ha dado a mí.

CÓMO UTILIZAR ESTE LIBRO

He organizado los capítulos a fin de que te permitan dar los pasos necesarios para recibir la sanación de la Medicina del Espíritu. Para extraer el máximo beneficio de este proceso, te recomiendo leerlos en el orden en que se presentan y realizar las prácticas y los ejercicios a medida que te los voy proponiendo.

Parte 1. Descubrir a tu sanador interno introduce la Medicina del Espíritu, esbozando en qué consiste el sistema de sanación antiguo y cómo enfoca los retos físicos y mentales de la vida moderna. Descubrirás en qué difiere la Medicina del Espíritu de la occidental y qué necesitarás hacer para beneficiarte de su poder sanador.

Aprenderás cosas acerca del mundo invisible de la energía vital, radiante, que informa al mundo visible de los sentidos, y sobre el papel del Espíritu como fuerza armonizadora. Serás introducido en el modo de pensar tiránico que ha dominado a la humanidad desde el comienzo de la agricultura y cómo nos empuja a la guerra con nosotros mismos, entre nosotros y contra el planeta, minando nuestra salud y nuestro bienestar.

Parte 2. Liberarse de los viejos caminos identifica la multitud de toxinas ambientales y endógenas a las que estamos expuestos y explica por qué la desintoxicación del cuerpo –incluido el cerebro– es tan importante para la sanación. Aprenderás acerca de la enorme importancia que tiene el «segundo cerebro» del cuerpo, en el tracto digestivo, y cómo liberarte de las toxinas de tu aparato digestivo y reponer las bacterias beneficiosas de tu microbioma –la comunidad de microorganismos que habita en tu cuerpo–. Serás introducido en el mundo de los superalimentos y los suplementos que promueven la reparación del cerebro y del aparato digestivo. Descubrirás los efectos tóxicos de los cereales y los azúcares y cómo los ayunos ayudan a que el cerebro se alimente a sí mismo con grasas y proteínas saludables y produzca células madre nerviosas que se reparan y mejoran por sí mismas.

Parte 3. Vencer a la muerte que nos acecha presenta los patrones mentales y emocionales disfuncionales asociados con la ira y el miedo. En él aprenderás qué nutrientes mejoran el funcionamiento de las áreas superiores del cerebro y ayudan a manejar el estrés. Te presentaré a las mitocondrias, el poder central de tus células. Heredadas solo de la madre, representan la fuerza vital femenina. Sabrás cómo reiniciar los relojes de la muerte de las células y cómo activar las proteínas de la longevidad controladas por las mitocondrias. Descubrirás lo que los radicales libres y la inflamación provocan en el cuerpo y cómo revertir el daño, además de técnicas de sanación chamánica tradicionales que pueden limpiar tu campo de energía luminosa de las huellas de la enfermedad y mejorarlo para reparar tu cuerpo (incluido tu cerebro).

Parte 4. El renacer viene a partir de la quietud te apoya en el proceso de abandonar los modos de pensar antiguos e insanos para que puedas experimentar la sanación con la Medicina del Espíritu. Aprenderás cómo deshacerte de los relatos desfasados sobre tu pasado y cómo adoptar una narración o mitología personal, nueva y liberadora. Superarás el miedo a la pérdida y al cambio y descubrirás el propósito del viaje de tu vida a medida que eres guiado por las enseñanzas de la sabiduría de la rueda de la medicina. Se te revelarán prácticas para cultivar la quietud y la conciencia a medida que das el paso final en el viaje hacia el Espíritu, la búsqueda de visión.

Al final del libro exploraremos lo que ocurre después de haber recibido la Medicina del Espíritu y cómo puedes mantener los beneficios de la sanación, así como promover el bienestar de todos los seres y de la Tierra.

Primera parte

DESCUBRIR A TU SANADOR INTERNO

Capítulo 1

LA MEDICINA DE LOS CHAMANES

Estás solo a unos días de sentirte bien.

En la actualidad, nuestras mentes, nuestras emociones, nuestras relaciones y nuestros cuerpos están desajustados. Lo sabemos, pero tendemos a ignorarlo hasta que algo va muy mal –un diagnóstico terrible, una relación rota, la muerte de un ser querido o simplemente la incapacidad de funcionar en armonía en la vida cotidiana–. Cuando las cosas van un poco mal, leemos un libro de autoayuda o vamos a un taller a realizar un curso. Cuando van realmente mal, acudimos a los expertos para que nos digan qué sucede –a los oncólogos si se trata de cáncer, a los neurólogos para arreglar nuestro cerebro, a los psicólogos para que nos ayuden a sentirnos en paz y a comprender a nuestra familia de origen...–. Pero este enfoque fragmentado de la salud no es más que un recurso provisional. Para sanar verdaderamente necesitamos volver a la receta original del bienestar, descubierta por los chamanes –los sanadores tradicionales– hace siglos: la Medicina del Espíritu.

En Occidente tenemos un sistema de «cuidado de la enfermedad» y la medicina reconoce miles de dolencias y millares de remedios. Por el contrario, la Medicina del Espíritu es un sistema de «cuidado de la salud» que reconoce solo una enfermedad y una cura. La enfermedad es la alienación respecto de nuestras emociones, de nuestros cuerpos, de la Tierra y del Espíritu. La cura es la experiencia de la Unidad primordial con todas las cosas, que restablece la armonía interior y facilita la recuperación de todas las enfermedades, independientemente de su origen.

Todos queremos que nuestra salud (el mejor estado de salud) dure tanto como nuestra vida. La Medicina del Espíritu está diseñada para asegurarnos el bienestar óptimo dirigiéndose a la causa radical del sufrimiento físico, mental y emocional, más que limitarse a tratar los síntomas. Las palabras *health*, «salud», y *healing* «sanar», «sanación», proceden del inglés antiguo *haelen*, raíz de *whole*, «totalidad» y *holy*, «sagrado». A medida que todo tu sistema se equilibra, tu alimento dejará de envenenarte, tu cuerpo empezará a arreglarse y sanar espontáneamente, tus relaciones cesarán de ser campos de batalla emocionales y tu sensación de estar separado de la naturaleza y del Espíritu se disolverá.

En el corazón de la Medicina del Espíritu hay una antigua práctica llamada la búsqueda de visión, un encuentro cuidadosamente coreografiado con la naturaleza y con el mundo invisible. A través del ayuno y la meditación, la búsqueda de visión despierta los sistemas de autorreparación y regeneración del cuerpo y te conecta con el Espíritu y con tu propósito más profundo. En las culturas tradicionales en las que fui formado como chamán, es una costumbre buscar la visión en la selva. Pero la experiencia del Espíritu puede ocurrir en cualquier lugar –incluso en tu jardín o en el parque de una gran ciudad.

En raras ocasiones, el encuentro con el Espíritu es espontáneo, un acontecimiento inesperado. Sin embargo, para la mayoría de nosotros, recibir la Medicina del Espíritu es un proceso que exige una cuidadosa preparación a lo largo del tiempo. De otro modo, la experiencia muy probablemente será pasajera –un súbito destello intuitivo o revelador–, quizás una historia interesante para contar en una cena con amigos, pero nada duradero que transforme tu vida. Establecer el trabajo preliminar para la transformación exige una acción tanto física como espiritual.

PREPARANDO EL CEREBRO PARA LA MEDICINA DEL ESPÍRITU

Para beneficiarnos de la Medicina del Espíritu necesitamos preparar el cerebro. La actual forma de vida sobre-cafeinada, entrecortada, con un permanente «lo quiero ya», nos mantiene en un constante estado de estrés. Necesitamos eliminar las hormonas del estrés, que promueven un estilo de pensamiento del tipo «luchar o huir», y comenzar a producir las sustancias químicas cerebrales que crean salud, serenidad y gozo. El proceso comienza con la desintoxicación –limpiando el cerebro de toxinas mortíferas y reduciendo la adrenalina y el cortisol, las hormonas del estrés–. A partir de ahí, los superalimentos reparan la región cerebral responsable del aprendizaje y ayudan a que la glándula pineal fabrique DMT, dimetiltriptamina, un compuesto psicodélico al que se ha llamado «la molécula del espíritu». La DMT nos permite experimentar un estado de Unidad y conexión con todo, del que los meditadores informan frecuentemente.

La preparación física para la Medicina del Espíritu implica también cambiar a una dieta rica en fitonutrientes –los nutrientes de las plantas–. Utilizados para curar desde la época paleolítica, los fitonutrientes no solo nos ayudan a reparar y mejorar el cerebro, también crean estados extraordinarios de salud. Están cargados de modificadores genéticos que activan más de quinientos genes que crean salud y desactivan más de doscientos que provocan enfermedades. Los fitonutrientes restablecen nuestro equilibrio bioquímico, permitiéndonos comenzar a tratarnos, a nosotros y a nuestros seres queridos, según nuestras mejores intenciones.

Esta sustitución de lo tóxico por lo nutriente, de lo que es mortífero por lo que es dador de vida, es esencial para recuperar la salud y alcanzar un bienestar óptimo. No se pueden sanar las emociones si el cerebro está intoxicado con mercurio o plomo, o si la mente va a toda velocidad, sin poder detenerse, porque el cerebro ha sido dañado por traumas en la infancia o por pesticidas en la comida. Liberarse de las toxinas ambientales es fundamental para restablecer la salud física y mental. Otra clave para prepararse físicamente con el fin de recibir la Medicina del Espíritu es reparar el propio microbioma –las más de seiscientas especies de bacterias beneficiosas que viven en tu boca, tu piel y tu aparato digestivo–. La Medicina del Espíritu te ayudará a reparar tu cerebro y el resto de tu cuerpo, activando los genes de la longevidad y facilitando que el laboratorio alquímico del cerebro vuelva a su tarea de producir las moléculas de felicidad que nos llevan a sentirnos más cerca del Espíritu y de la naturaleza.

PREPARANDO LA MENTE PARA LA MEDICINA DEL ESPÍRITU

Para beneficiarnos de la Medicina del Espíritu no se necesita agitar un sonajero o golpear un tambor, como hacían los chamanes de la antigüedad, aunque ese acto puede ayudar a preparar la mente, igual que ponerse un traje determinado y maquillarse ayuda al actor a identificarse con el personaje. Lo que sí que se necesita hacer es aquietar la mente demasiado ajetreada, dispersa por el jaleo de la civilización, y dejar que vuelva a su estado natural. Al decir que vuelvas a tu estado natural, salvaje, no me refiero a que tengas que irte al parque Yosemite o a las montañas Rocosas de Canadá, sino volver a tu ser salvaje, no domesticado –a quien eres, libre de las trampas de los roles y las expectativas, los correos electrónicos y las listas de «cosas que tengo que hacer», al yo auténtico, al centro de tu ser. Encontrarás tu naturaleza infinita en el silencio de tu mundo interior.

Los superalimentos y los neuronutrientes producen cambios en tu cerebro que te preparan para una extraordinaria experiencia de conciencia superior, mientras que la preparación mental te ayuda a abandonar las ideas limitantes y las conductas tóxicas. Al liberarte de relatos anticuados, la Medicina del Espíritu puede infundir tu ser con un goteo constante de nutrientes saludables.

Si has asistido a mis talleres o has viajado conmigo para visitar chamanes en la Amazonia o en los Andes, puedes estar familiarizado con algunas de las ideas presentadas en este libro. Por ello, tal vez pienses que estás preparado para experimentar la Medicina del Espíritu ya, sin necesidad de trabajar más. Pero ¿has efectuado realmente *toda* la preparación física o espiritual necesaria? Incluso si has estado en alguna búsqueda de visión –o en muchas–, cada vez se trata de una experiencia totalmente nueva, una oportunidad más profunda de ir al encuentro del Espíritu. Los chamanes siempre se preparan cuidadosamente para trabajar con las extraordinarias energías del mundo invisible a fin de crear y mantener la salud y el bienestar.

BENEFICIOS DE LA MEDICINA DEL ESPÍRITU

Después de tomar la Medicina del Espíritu, encontrarás más fácil danzar entre el mundo visible, el mundo físico de los sentidos y las tareas cotidianas, y el mundo invisible del Espíritu. Serás como el grácil jaguar, como la fuerza equilibradora de la lluvia de la selva que sirve como intermediaria entre el mundo visible y el invisible, a medida que viaja entre la muerte y la eternidad.

Ya sea que estés sufriendo una enfermedad relacionada con el estilo de vida o te halles agotado física, mental o emocionalmente por las exigencias de tu vida, la Medicina del Espíritu puede ayudarte a que te sientas mejor y a desarrollar un nuevo sentido de propósito. Si estás dispuesto a reparar el laboratorio alquímico del interior de tu cerebro, puedes estabilizar tus problemas de salud *antes* de que se manifiesten en tu cuerpo y experimentar bienestar en todos los niveles de tu ser.

En el corazón de la Medicina del Espíritu se halla la idea de que el modo de percibir el mundo «exterior» es una proyección de mapas internos que configuran nuestras creencias y guían nuestro modo de pensar, sentir y actuar. Almacenados como redes neurales en el cerebro, estos mapas son los programas inconscientes que impulsan nuestra experiencia vital y el estado de nuestra salud. Queremos cambiar los mapas que consideran «normal» que haya una probabilidad de un 50% de padecer alzheimer después de los ochenta y cinco años de edad, un cáncer galopante o una enfermedad vascular. La clave para la salud óptima es mejorar los mapas y las creencias limitadoras inconscientes que nos han conducido a una forma de vida y a unas relaciones tóxicas.

Hace años le pregunté a un anciano de la selva tropical de la Amazonia qué hacía para evitar los padecimientos típicos de la ancianidad.

—Es muy simple –replicó– vivir una vida larga y sana.

Me reí y le dije que no había entendido la pregunta: quería saber cómo evitar las enfermedades de la ancianidad. Él sonrió y repitió la misma respuesta.

Hoy comprendo lo que quería decir. Las prácticas que forman parte de la vida diaria del antiguo modo chamánico de vivir contribuyen a una vida larga y saludable. Los supernutrientes descritos en este libro pueden estimular los mecanismos antioxidantes que duermen en toda célula, calmar la actividad de los radicales libres del cerebro y activar los genes latentes de la longevidad que previenen las dolencias asociadas con la tercera edad. Las enseñanzas espirituales de la rueda de la medicina nos ayudan a liberarnos de los relatos limitantes y debilitadores del pasado que hacen que sigamos reviviendo los viejos traumas y las historias de salud de nuestros antepasados. Y la búsqueda de visión nos ayuda a encontrar nuevos mitos que nos guíen y nos ayuden a sanar el cuerpo y la mente y a recuperar nuestra pasión.

La Medicina del Espíritu es parte de un nuevo modelo de bienestar, y no se basa en la medicación para regular los problemas físicos ni los desequilibrios anímicos. A diferencia de muchos remedios y recetas farmacéuticos, la medicina de los chamanes no produce efectos secundarios ni tiene advertencias escritas en letra pequeña. No provoca dependencia. No hay que pedirle al médico que lo prescriba ni hay que discutir con el farmacéutico si la renovación de la prescripción ha sido actualizada o no.

En Occidente, nos hemos acostumbrado a buscar a los doctores y a los expertos para que nos guíen en la sanación, el crecimiento y el aprendizaje. Nuestras escuelas, nuestros negocios, nuestras religiones y nuestros gobiernos son jerárquicos. Sin embargo, en la Amazonia no hay directivos ni niveles de cargos entre nosotros y el Espíritu. El chamán –el anciano sabio o la anciana sabia– es honrado como sanador, pero no se le considera superior a otros habitantes del pueblo. El chamán es simplemente un facilitador con habilidades para interactuar tanto con el mundo visible como con los mundos invisibles, para ayudar a restablecer el equilibrio entre el cuerpo, la mente y el alma.

El mensaje de la Medicina del Espíritu es que no se necesita localizar a un chamán para descubrirla, ni mirar fuera de ti mismo para hallar la salud. No tienes más que mirar en tu interior. Es allí donde recibirás la Medicina del Espíritu.

Después de todo, el anciano de la Amazonia tenía razón.

Capítulo 2

EL ESPÍRITU Y EL MUNDO INVISIBLE

Hay un mar de conciencia que es universal, aunque cada uno lo percibamos desde nuestra orilla. Es un mundo que todos compartimos, que puede ser experimentado por todo ser vivo, y sin embargo tan solo unos pocos lo ven. El chamán es el maestro de ese otro mundo. Vive con un pie en el mundo de la materia y con el otro en el mundo del Espíritu.

Hace décadas estuve investigando en la selva tropical amazónica, becado por una gigantesca empresa farmacéutica suiza que esperaba hallar una corteza o una raíz que pudiera convertirse en la próxima gran cura del cáncer. Al fin y al cabo, la selva es la farmacia de la naturaleza, llena de plantas exóticas cuyos poderes todavía están por descubrir. Pasé muchos meses yendo en canoa a pueblecitos que rara vez habían visto a un hombre blanco, y allí adonde iba descubría que no había nada de cáncer, ningún caso de alzheimer ni ninguna enfermedad del corazón entre los ancianos de la comunidad. Sin duda alguna, los indígenas de la zona sabían algo acerca de la salud que nosotros los occidentales ignorábamos. ¿Cuál era su secreto?

Regresé a casa con mi mochila vacía, para fastidio de mi patrocinador, que no podía creer que volviese sin el ingrediente clave para un fármaco de éxito que nos haría ricos a todos y al mismo tiempo salvaría muchas vidas. No obstante, traje conmigo algo que me parecía mucho más valioso –intuiciones profundas de los sanadores de la Amazonia que me habían cobijado bajo sus alas–. Aprendí que había un ingrediente mágico para la salud que podía hallarse en la selva tropical, pero no empaquetarse y llevarse en la mochila. El ingrediente era la Medicina del Espíritu y solo podía encontrarse en la matriz invisible del universo que llamamos «el Espíritu». Me llevó años de estudio con los sanadores indígenas, antes de empezar a comprender cómo funciona.

Una vez se ha experimentado el Espíritu, la matriz de los diversos campos de conciencia y de información que se superponen, se reconoce que el mundo visible de los sentidos, el mundo físico, no es la única realidad. De hecho, ni siquiera es la realidad dominante. Los mundos visible e invisible están inextricablemente enlazados, con precisión casi matemática, y una vez se han abierto los ojos a esto, se puede danzar entre ellos, como los chamanes.

Los antiguos sabían todo acerca de los dos mundos. En los Vedas del hinduismo, al mundo invisible se le llama *akasha*, o la vastedad del espacio –el campo de sabiduría que forma el sustrato del cosmos–. Mientras que la ciencia occidental mantiene que el cosmos está hecho de energía y materia, los pueblos indígenas lo consideran un campo vivo, inteligente, al que llaman Espíritu. La palabra *espíritu* procede del latín *spiritus*, «aliento», «respiración», «hálito».

EL ESPÍRITU VASTO Y OMNIPRESENTE

El Espíritu es un campo de energía vasto y omnipresente al que nos unimos para soñar el mundo y traerlo a la existencia. No es una divinidad con caprichos humanos, estados de ánimo como los nuestros, celos y rabietas como los dioses griegos y romanos. El Espíritu no te pide ni que sacrifiques a tu primogénito, ni que mates infieles, ni que destroces ciudades cuando los ciudadanos han perdido el camino. El Espíritu es la matriz creativa que mantiene la vida en el cosmos evolucionando y renovándose.

El Espíritu siempre está presente en tu vida: tú eres una expresión de su infinita conciencia, manifiesta en cuerpo y sangre. Sostiene toda la creación. Y como el Espíritu y tú sois inseparables, toda la creación está también dentro de ti. Pero tu conciencia personal, individual, es solo una gota en el océano de toda la conciencia. A diferencia de tu mente, que se cree el centro del universo, tu espíritu está libre de toda obsesión con el *yo*.

La conciencia de nuestra individualidad, que tanto valoramos en nuestro mundo, se disuelve cuando se permanece en ese estado expandido y expansivo que nos permite experimentar la Unidad del mundo invisible. Y cuando volvemos al mundo visible y a la conciencia ordinaria, de algún modo nuestros problemas cotidianos parecen menos importantes.

Cuando nos comprometemos con el Espíritu, descubrimos que cada uno de nosotros tiene la habilidad de interactuar con lo divino directamente, experimentando su poder numinoso en primera persona. Cuando pedimos ayuda, el Espíritu responde con lo que necesitamos de verdad, aunque en el momento no entendamos la respuesta. Y nuestra relación con él es una relación de mutualidad, así que cuando el Espíritu nos llama, tenemos que estar dispuestos a responder a la llamada, entendamos o no lo que se nos pide y queramos hacerlo o no. Hace años, cuando mis hijos eran pequeños, recuerdo que le dije al Espíritu que respondería a su llamada cuando fueran un poco más mayores: estaba utilizando a mis hijos como excusa para evitar mi misión en el mundo. Pero si dejas para un tiempo futuro el responder al Espíritu –cuando tengas suficiente dinero, cuando dispongas del tiempo necesario, cuando descanses lo bastante...–, es muy probable que el contrato con él no satisfaga tus deseos y tus expectativas.

UNA FUERZA ARMONIZADORA

A la mayoría de nosotros se nos enseñó que las cosas malas suceden porque hemos pecado, es decir, porque hemos transgredido las reglas establecidas por una deidad sobrenatural o porque de algún modo hemos ofendido a los dioses. Pero, como aprendí de los chamanes de la Amazonia, el Espíritu no es una deidad caprichosa que actúe de manera vengativa, que ponga a prueba nuestra lealtad o nos imponga un castigo si cometemos un error. De hecho, el Espíritu no es una divinidad. El Espíritu es la gran fuerza equilibradora de la vida misma. Aporta armonía, no castigos.

La desgracia y la enfermedad son simplemente desequilibrios de la armonía natural. Ocurren cuando estamos desconectados de la sabiduría del mundo invisible, cuando vivimos inconscientemente, atrapados en relatos limitadores y debilitantes. Cuando solo vemos el mundo material, nuestros instintos de supervivencia se exacerban.

Creemos equívocamente que el único modo de evitar la enfermedad, el conflicto o el sufrimiento es luchando por la supervivencia y ejerciendo poder sobre los otros. Pero en realidad nuestras acciones codiciosas, egoístas y manipuladoras nos conducen a la enfermedad, el conflicto o el sufrimiento que tan arduamente estamos intentando evitar.

Esto no quiere decir que seamos los autores de todas las desgracias que nos ocurren. Cuando sufrimos, a veces, lo que experimentamos son consecuencias de un desequilibrio en cuya creación no hemos participado personalmente. El virus del Ébola es un ejemplo. Este virus mortal comenzó limitado a una selva africana de dieciséis kilómetros cuadrados, pero cuando la selva fue talada para aprovechar la madera, el virus perdió su hábitat natural y se propagó rápidamente a los animales y humanos del entorno. Muchas personas que han muerto de ébola no tienen nada que ver con la tala de árboles en la selva, pero a pesar de eso sufrieron mucho por ello.

La mayoría de los microbios solo nos perjudican cuando nuestro cuerpo está desequilibrado y nuestro sistema inmunitario no responde adecuadamente. Quizás no tengamos la capacidad de asegurar que ningún parásito mortífero nos ataque, pero sí de prevenir y corregir los desequilibrios en nuestro cuerpo y en nuestras relaciones con quienes nos rodean. Si vivimos desequilibrados, nos encontramos en un estado de separación respecto del Espíritu. Para soñar una vida más sana y más feliz y traerla a la existencia necesitamos corregir nuestra relación con el Espíritu.

EL VELO ENTRE LOS DOS MUNDOS

En nuestra búsqueda de explicaciones científicas del universo hemos olvidado el mundo invisible y lo que podemos descubrir en él. Es allí donde hallamos la paz, libres del sufrimiento que existe en el mundo material. Pero si el mundo invisible es tan maravilloso, ¿por qué no estamos todo el tiempo en él?

Los chamanes dicen que la razón por la que tomamos un cuerpo físico es para evolucionar y crecer, para adquirir madurez emocional y sabiduría. Empleando una metáfora de la física, en el mundo visible somos como un electrón en estado de partícula, mientras que en el mundo invisible somos un electrón en estado de onda. El estado de partícula es nuestra naturaleza «local» –carne y sangre, sentados en un sofá, leyendo–. El estado de onda es nuestra naturaleza «no local», en la que nos extendemos hasta los límites más lejanos del universo, siendo uno con todo lo que existe. Cuando morimos y dejamos este cuerpo atrás, volvemos a nuestra naturaleza no local, al mundo invisible sin forma. Pero los chamanes de la antigüedad aprendieron a experimentar sus yoes no locales sin morir –a saborear el Espíritu estando todavía en la vida cotidiana.

En el mundo invisible, en nuestro estado no local, abarcando toda la creación, no tenemos suficiente sustancia para contener nuestra conciencia. Los antiguos mayas denominaron a la adquisición de conciencia en nuestro estado de onda «adquirir el cuerpo de jaguar». Sus sacerdotes eran conocidos como *balams* –individuos que habían desafiado la muerte y en su estado no local habían desarrollado una conciencia infinita y después habían traído esa sabiduría a sus compañeros del pueblo–. Por eso el jaguar es un símbolo tan poderoso en las Américas: representa la habilidad de viajar más allá de la muerte, bucear en la omnisciencia y retornar a la tierra de los vivos. Después de la experiencia de la Medicina del Espíritu comprendemos que nunca hubo una puerta cerrada entre nosotros y el mundo invisible. El mundo invisible existe junto al visible, siempre presente y accesible. Es posible traer su sabiduría a nuestro mundo en cualquier momento, proporcionar sanación y equilibrio. En el mundo visible podemos infundir la materia con el Espíritu, espiritualizar la materia.

Hoy en día, la tecnología promete aportarnos la omnisciencia. La interfaz entre nuestros sentidos y nuestras máquinas nos acerca cada vez más a la capacidad de acceder a todo el conocimiento del mundo instantáneamente. Sin embargo, este no es el tipo de conciencia infinita al que me refiero cuando hablo de experimentar el Espíritu. Conciencia infinita significa la capacidad de experimentar en primera persona la totalidad del cosmos, atravesando los lugares más remotos del espacio y abarcando más allá del tiempo. Con esta sabiduría podemos sanar nuestros cuerpos y participar conscientemente en nuestra evolución como especie.

El velo que existe entre nosotros y la matriz invisible es solo una artimaña de nuestra conciencia creada por nuestras creencias. Se dice que tenemos que «verlo para creerlo», pero lo inverso también es cierto, necesitamos creerlo para verlo. De otro modo no captamos lo que está justo delante de nosotros. Nuestra mente desecha esa información.

Cuando los conquistadores llegaron por primera vez a las Américas, los indígenas de México no vieron sus barcos de madera. Sus avanzadillas de reconocimiento solo distinguieron las velas blancas desplegadas. Los indios no eran ni ciegos, ni tontos, ni locos. Al no tener un concepto de barcos tan grandes, sus mentes simplemente borraban lo que sus ojos percibían. La investigación demuestra que nuestros prejuicios son tan fuertes que fácilmente descartamos la información sensorial que no encaje con nuestras nociones preconcebidas acerca de la realidad. Hace un siglo y medio, los médicos se burlaban de la idea de que los virus causaran enfermedades infecciosas. Al fin y al cabo, no podían ver los presuntos «bichitos», así que ¿cómo iban a ser reales?

El mundo visible, que parece ser la única realidad, comprende no solo fenómenos físicos, sino también nuestros pensamientos y nuestras emociones. Los aparatos de imágenes de resonancia magnética funcional pueden mostrar lo que está ocurriendo dentro del cerebro en tiempo real cuando alguien siente compasión, cuando piensa: «Me encantaría comer una barra de chocolate justo ahora», o cuando recuerda una de sus melodías favoritas. La neurociencia está demostrando que la conciencia tiene un aspecto físico.

EL CAMPO DE ENERGÍA LUMINOSA

Pero ¿cómo impacta el mundo invisible del Espíritu sobre la salud y la sanación? Rodeando al cuerpo físico hay un campo de energía luminosa (CEL), el cual informa a nuestras células, nuestros genes y nuestro microbioma de cómo vivir y actuar de manera armónica. El CEL es invisible para la mayoría de nosotros, pero hay quienes ven esta energía como un aura, un halo de color que rodea el cuerpo de una persona. Con la práctica, todo el mundo puede percibir esta energía.

Frota las palmas de las manos con brío durante unos segundos; luego, con mucha lentitud, separa las manos ligeramente y observa si percibes calor o una especie de densidad en el aire que hay entre las palmas.

El CEL puede considerarse como el *software* que instruye al ADN –el *hardware*– para que tu organismo crezca y se sane a sí mismo. Hasta que uno recibe la Medicina del Espíritu, el CEL crea el cuerpo según las instrucciones genéticas heredades de los padres. Reproduce las condiciones físicas, las historias psíquicas y los dramas que traspasan diversas generaciones. A pesar del anhelo de verse a sí mismo como diferente, mejor y más iluminado que los propios padres, tendemos a perpetuar sus problemas de salud y sus conflictos emocionales, repitiéndolos en nuestras propias vidas de una manera u otra. A menos que interrumpamos el ciclo, viviremos del modo en que ellos vivieron y moriremos del mismo modo que ellos murieron.

Cuando la sabiduría del campo de energía luminosa disminuye –cuando el nivel de coherencia se degrada–, crea desarmonía y enfermedad en el cuerpo. Los noventa mil billones de células de nuestra colonia de microbios comienzan a preocuparse de su propia supervivencia en lugar de la nuestra. Las células cancerosas se olvidan de morir y quieren vivir para siempre. Pero cuando la calidad del CEL mejora a través de la Medicina del Espíritu, crea salud.

Hace años me asombré al saber que el 90% del cuerpo humano consiste en bacterias que son ajenas a nosotros. Solo el restante 10% está formado por nuestro propio ADN. ¿Significa eso que solo soy ese 10%? No, soy el campo de energía que organiza esta asombrosa colonia viviente que tiene un sentido de yo, de yo-idad. Los noventa mil billones de células de mi colonia se mantienen plenamente activos en armonía y equilibrio por el CEL, operando a través de mi cerebro y mi sistema nervioso. La naturaleza nos ha hecho así, sin duda imaginando que sería mejor tener un cerebro coordinándolo todo que darle a cada célula su propia mente y la libertad de decidir lo que es mejor para toda la colonia. Más que libertad eso sería libertinaje: todos contra todos.

Así pues, para el chamán, el CEL es esa gota de conciencia y sabiduría que ha adquirido una conciencia individual. Hace de mediador entre el cerebro, en el que nos experimentamos como un individuo distinto con su propia conciencia única, y el Espíritu, en el que todos somos partes del Uno. Y como el CEL es un campo biomagnético, no termina donde termina el cuerpo, sino que se extiende hasta el infinito, por los lugares más remotos del universo, disminuyendo en intensidad, pero sin desaparecer nunca del todo. Tu campo de energía luminosa contiene las estrellas y las galaxias en su interior.

El CEL está hecho de luz y vibración, de modo que cualquier cosa que sueñes en este campo altera su vibración y determina lo que manifiestas en tu cuerpo y en el mundo exterior. Si no aumentas la sabiduría de tu CEL y en lugar de eso eliges permanecer atascado en las mismas viejas creencias –»Mi madre arruinó mi vida», o «La cigüeña me dejó en la casa equivocada»– o en cualquier viejo programa que funcione en ti habitualmente, la herida permanece sin sanar y tú acabas enfermando, o con cualquier otro resultado indeseable. En el pensamiento oriental, esta relación entre causa y efecto se denomina *karma*. Y quedarse estancado en el propio karma no es la manera óptima de pasar por la vida. Pero, cuando uno toma la Medicina del Espíritu y eleva la calidad o la sabiduría de su CEL, puede empezar a expresar los genes de la salud y la longevidad y vivir una vida más gratificante.

A nosotros nos resulta mucho más difícil elevar la calidad de nuestro CEL de lo que lo era hace cien años, o diez mil, cuando vivieron nuestros antepasados paleolíticos. Debido a las toxinas que almacenamos en nuestro cerebro y en nuestro sistema nervioso, procedentes de los pesticidas y del mercurio, no podemos ya experimentar, con cierta facilidad, la unión con toda la creación. Más allá de lo mucho que meditemos o de la cantidad de veces que cantemos *Om*, la matriz invisible del Espíritu parece evitarnos.

TU NATURALEZA ETERNA

La Medicina del Espíritu abre las puertas a esta matriz invisible de sabiduría en la que todo está interconectado, en la que cada pensamiento que tenemos produce un impacto en cada una de las células de nuestro cuerpo y moléculas del cosmos. La física cuántica nos ofrece otra metáfora adecuada en el fenómeno conocido como «entrelazamiento»: las partículas se hallan misteriosamente interrelacionadas, de tal modo que, incluso si están en lugares opuestos de la galaxia, si se cambia la dirección en la que una partícula está girando, la otra, inmediatamente, también cambia su dirección. Al principio, los científicos pensaron que el entrelazamiento podía ser la demostración de la existencia de una comunicación «más veloz que la luz». Más tarde comprendieron que simplemente se trata de la naturaleza de las partículas relacionadas. Los altos chamanes de la Amazonia y de los

Andes, con los que estudié, piensan que el entrelazamiento es la naturaleza de toda la creación, que todas las cosas están interconectadas. Por ello, al igual que otras muchas tribus de Norteamérica, llaman a todos los seres vivos «todos mis parientes».

Cuando se experimenta la Medicina del Espíritu, se tiene acceso a lo que el psiquiatra C. G. Jung llamó el inconsciente colectivo, ese aspecto de tu conciencia que participa de la conciencia compartida por toda la creación, que reconoce tu unidad con todos los seres y con la naturaleza. ¿Cómo puedes dañar a la naturaleza y a otros seres cuando eres inseparable de ellos? Y, a la inversa, ¿cómo puedes no atender a tu propia sanación si te preocupas por tus semejantes? Una vez se ha experimentado la Medicina del Espíritu, la idea de querer ser el número uno a expensas de los demás es inconcebible.

La conciencia de que existimos tanto en el mundo visible como en el invisible al mismo tiempo supone el descubrimiento de que todo en tu vida es algo que has soñado –y de ese modo traído– al ser, desde la matriz invisible de energía. Por mucho que odies admitirlo, eso incluye todo el dolor y el sufrimiento emocional que puedas estar experimentando. Hasta la aparente escisión entre el mundo visible de los sentidos y la matriz invisible de energía es una ilusión que tú has creado, si bien una ilusión colectiva que compartimos en calidad de seres humanos.

Pensar que el mundo físico es la única realidad es una noción útil para funcionar en la vida diaria. No resulta fácil apañarte con tu lista de «cosas que he de hacer» cuando te hallas en un estado de Unidad, experimentando tu naturaleza ondulatoria. Pero una vez experimentas tu interconexión con el cosmos, es muy probable que lo que pongas en tu lista de cosas que has de hacer cambie, y tu capacidad de completar la lista sin sabotearte a ti mismo casi con toda certeza mejorará.

El CEL te permite danzar de manera fácil y fluida entre los dos mundos y equilibrar el hacer en el mundo visible con el no hacer (el simplemente ser) del mundo invisible. De ese modo puedes elegir si centrarte en las actividades cotidianas o permanecer en la Unidad con el Espíritu. Hagas lo que hagas o lo que dejes de hacer, puedes estar plenamente presente en la experiencia, en lugar de preguntarte si hay algo mejor en alguna otra parte. Una vez recibes la Medicina del Espíritu, tus sueños dejan de consistir en fantasías respecto a que las otras personas cambiarán su conducta y sus actitudes. En lugar de eso, al reconocer que en tu estado ondulatorio eres parte de todos y de todas las cosas, puedes dejar que los demás vivan sus vidas como quieran y concentrarte en vivir la tuya de manera auténtica e imaginativa.

DESPERTAR TU YO INVISIBLE

Cuando dormimos, estamos despiertos en nuestros sueños. Cuando estamos despiertos, parecemos dormidos en el campo invisible en el que los sueños tienen lugar. Los sueños, la meditación, el estudio contemplativo profundo, la música y la oración son modos habituales de aprender acerca del ámbito atemporal invisible. Sin embargo, a menudo, estas experiencias son efímeras, y se desvanecen en el camino de la cama a la cafetera. Cuando soñamos, estamos en un mundo atemporal, en un momento encontrándonos con nuestros padres hace ya tiempo fallecidos y al instante siguiente atravesando algún paisaje fantástico. Pero, al despertar, sin importar lo vívidas que hayan sido las imágenes, a menudo las dejamos deslizarse de la conciencia, sin darnos cuenta de lo valiosas que son. En Occidente, los psicólogos formados en análisis de sueños son prácticamente los únicos que comprenden la importancia de la vida onírica. Sin embargo, los pueblos amazónicos con los que he vivido y de los que he aprendido comparten los sueños cada mañana, buscando en ellos respuestas a preguntas acuciantes o sabiduría que transmitir al poblado.

La Medicina del Espíritu te devuelve tu derecho de nacimiento –el reconocimiento de tu verdadera naturaleza, como ser espiritual y como ser físico, onda y partícula–. Hace esto trayendo la conciencia de tu yo invisible, un yo sin cuerpo ni forma, que reside fuera del tiempo ordinario. ¿Te has dado cuenta de que en tus sueños nunca parece que tengas un cuerpo físico, nunca parece que tropieces con sillas ni mesas? En los sueños somos conciencia pura. En el mundo invisible somos sin forma y sin yo, en una expansión infinita y gozosa. Solo en el mundo físico tropezamos con muebles, nos caemos de acantilados, sufrimos enfermedades y, por supuesto, aprendemos y crecemos.

La Medicina del Espíritu puede llevarte a una mejor comprensión del mundo invisible y de cómo puede beneficiarte en tu vida. A medida que los ámbitos visible e invisible danzan entre la vida y la muerte, la forma y lo sin forma, el puente que los cruza es el CEL. Él une nuestra existencia sometida al envejecimiento y la muerte con el yo libre de las limitaciones de la materialidad y del tiempo. De los chamanes aprendí que no hay más que vida tras vida, que la muerte es simplemente un breve cambio en el estatus, de una existencia visible a una existencia invisible. La Medicina del Espíritu nos muestra cómo crear salud y aliviar el sufrimiento conectándonos con la fuente de todo en el mundo invisible.

Todo ser humano desea ser feliz –evitar el dolor, la enfermedad, el sufrimiento emocional, la angustia mental y el estrés de la vida moderna–. Pero cuando no eres consciente de tener la capacidad de crear la propia existencia día a día, el poder se aleja de ti y comienzas a verte como víctima de una fuerza desconocida y temible.

Con la Medicina del Espíritu tienes la capacidad de soñar tu mundo y tu salud –trayéndolos así a la existencia–. Y no tendrás que crear tu salud tú solo. Siempre tienes un cocreador en el Espíritu. Después de recibir el don de la Medicina del Espíritu, serás capaz de conectar con la sabiduría del mundo invisible, estés donde estés, incluso en un avión o en un tren abarrotado.

Capítulo 3

DESTRONAR AL REY TIRANO

Tienes que saber que la mente está loca.

En los museos y parques de atracciones, a los niños les fascina siempre el dinosaurio más feroz: el *Tyrannosaurus rex*. Puede que el *Spinosaurus* y el *Giganotosaurus* fueran mejores cazadores, o que el *Diplodocus* y el *Apatosaurus* fueran mucho más grandes que él; sin embargo, el *T. rex* tuvo la fortuna de ser el primero en crear una marca. Con la llegada del siglo XX, en el Reino Unido la muchedumbre se amontonaba con impaciencia por comprar las entradas para contemplar el esqueleto de esta rara criatura. Se le proporcionó un nombre capaz de dar escalofríos a cualquier niño pequeño y una fama con un propósito mitológico: representar al rey tirano que nos destruiría si no nos inclinábamos ante su poder. A pesar de que en la actualidad se sabe que, probablemente, el

Tyrannosaurus rex tenía plumas, en nuestra imaginación, esta criatura sigue gozando de esa piel gruesa e impenetrable que lo convirtió en un depredador invencible.

También existe el mito del feroz gobernador que vive en una jaula para grandes felinos en el zoo y que con sus dientes afilados y su melena vistosa de león macho impresiona a los visitantes cuando bosteza detrás del cristal. Aunque hoy se sepa que en realidad es la hembra, pequeña y elegante, la que se encarga de cazar mientras su pareja, el macho, no hace más que observar, el gentío sigue ignorando la placa de información que se halla en una esquina del expositor y contemplan, con asombro, al «rey de la jungla».

Así, el *T. rex* y el león macho poseen esta poderosa carga simbólica gracias a que la imagen de criatura extraordinaria que nos gobierna está profundamente arraigada en la mente humana. La idea de un guerrero-gobernante se ha interiorizado de tal forma que pensamos en la mente como la fuerza dominante de nuestro ser: reinando sobre nuestros pensamientos, sentimientos, cuerpo y espíritu. Nos dicen desde la infancia que el tamaño y la complejidad de nuestro cerebro es lo que nos separa del resto de los animales. La mente cree fervientemente que es la responsable del manejo de nuestros pensamientos y emociones, por no hablar de nuestras vidas. Estamos seguros de que para cambiar nuestros hábitos, nuestras adicciones, nuestras relaciones y sentimientos, lo que debemos hacer es modificar nuestra mente; y por ello seguimos cambiándola sin arreglar las relaciones, mejorar la salud o sanear las emociones.

La Medicina del Espíritu propone una solución más fiable. Si dejamos de lado la ilusión de que la mente es la herramienta más efectiva para ganar salud, riqueza, amor y bienestar, seremos capaces de acceder a otra herramienta aún más eficaz: una relación entre el Espíritu y el mundo invisible. La Medicina del Gran Espíritu consigue que nos demos cuenta del disparate de la mente tiránica y nos conecta, en su lugar, con modos de sanar atemporales.

Sin embargo, esto no significa que no podamos emplear la mente para ayudarnos a sanar nuestro cuerpo y para sanarse a sí misma, ya que se ha confirmado que la relación mente-cuerpo es un factor tanto de bienestar como de enfermedad. Me refiero, pues, al dominante sistema límbico del cerebro, que cree que tiene la responsabilidad y el control y que vive en la escasez y el miedo.

Para nuestros antepasados, la conexión con el Espíritu era de suma importancia –como también lo es para la mayoría de las comunidades indígenas que existen hoy en día–. Durante mis primeros trabajos en antropología, cuando investigué culturas aborígenes que vivían de manera semejante a sus ancestros del Paleolítico, me asombró comprobar lo importante que es el Espíritu en sus vidas. Muchas de sus leyendas trataban sobre seres celestiales que recorrían el mundo trayendo sabiduría; y, según sus creencias, todavía hoy creen que podemos comunicarnos con estos seres en lugares y en estados de consciencia especiales. Uno de estos seres es Quetzalcóatl, la «Serpiente emplumada», Señor del Amanecer para los aztecas y los hopis y conocido como Kukulkán en la cultura maya.

Quetzalcóatl es el dios que siempre vuelve. Asociado con el planeta Venus, el Lucero del Alba, las leyendas cuentan que, en cada nueva era, retorna para traer cambio y conocimiento. Su legado perdura como un principio de organización en la Tierra, igual que todavía se tienen en cuenta hoy en día algunas enseñanzas de Jesucristo, como poner la otra mejilla y amar al prójimo. Quetzalcóatl enseña que toda sabiduría proviene del Espíritu y que, a pesar de que la existencia mortal es un estado temporal, debemos valorarla y cuidarla, puesto que es sumamente difícil obtener un cuerpo físico. (Los budistas tienen también una percepción similar sobre la encarnación humana como un precioso regalo al que debemos honrar y del que debemos hacer buen uso). Para estos pueblos indígenas la vida mortal no es la única ni la última realidad: el reino del Espíritu representa la realidad principal, y el yo espiritual es el yo real e imperecedero. El Espíritu es quien guía a los chamanes con quienes estudié para que encuentren las plantas que poseen poderes vivificantes: plantas verdes ricas en fitonutrientes.

Nuestros antepasados del Paleolítico consideraban las plantas verdes como una fuente primaria de sustento. Ciertamente, la relación entre los seres humanos y el reino vegetal es extraordinaria; se logra una perfecta simbiosis: el oxígeno, desecho procedente de la respiración de las plantas, es el pilar de la vida humana y, en contraposición, el desecho de nuestra respiración, el dióxido de carbono, lo es para la vida de las plantas. Además, estas convierten la luz solar en alimentos nutritivos que empleamos para nuestra propia nutrición y cura. Para nuestros ancestros, sobrevivir en la naturaleza era el resultado de una interacción respetuosa con ella. Para saber qué bayas eran comestibles, cuáles eran venenosas y dónde hallar raíces comestibles, se requería que las personas se comunicaran con el reino vegetal de un modo desconocido hoy en día. Por aquel entonces no existían pruebas que demostraran qué ingredientes eran peligrosos, por lo que probar el alimento en cuestión y esperar no morir por las toxinas era el único método. En la actualidad, no obstante, los indígenas que siguen manteniendo esta tradición de diálogo respetuoso afirman que conocen las propiedades de las plantas gracias a que estas hablan con ellos –y no mediante su cata.

Los medios que se empleaban para adquirir conocimiento han quedado descartados por la ciencia –que no es capaz de medir, contener, explicar y reproducir estos resultados–. Antaño, la relación entre los cazadores-recolectores del Paleolítico y la naturaleza era de confianza: nunca dudaron de que la tierra les procuraría aquello que necesitaran.

Sin embargo, ¿cómo perdimos esta conexión tan íntima con el Espíritu y el mundo natural? El antropólogo Jared Diamond lo sitúa hace diez mil años, cuando tuvo lugar la revolución agrícola en la que los humanos cambiamos la dieta paleolítica de los cazadores-recolectores –rica en grasas y proteínas– por una dieta basada en cereales. Diamond llama a este cambio de dieta «el error más grande en la historia de la raza humana», pues causó, según sus afirmaciones, siglos de guerras y conflictos, además de dar origen a una sociedad posterior de amos crueles, despiadados guerreros y esclavos desgraciados.

Con una dieta a base de trigo, cebada, arroz y maíz –cereales con un alto índice glucémico o de glucosa en sangre–, nuestros antepasados vivían fundamentalmente del azúcar. Del mismo modo que mi colega, David Perlmutter, explica en su éxito de ventas *Cerebro cereal*, nuestro cuerpo, incluido nuestro cerebro, todavía sufre las consecuencias de este cambio en la dieta. Un cerebro atiborrado de azúcar es lento y torpe, con menos capacidad para conseguir la Medicina del Espíritu que uno alimentado a base de grasas. En el cuarto capítulo conoceremos más sobre cómo el cereal es una toxina para los sistemas digestivo y cerebral, y qué efectos nocivos tiene el gluten, una proteína que se encuentra en el trigo.

Con el auge de la agricultura, llegó la idea de que la supervivencia y la seguridad eran primordiales y dependían de un poderoso gobernante que pudiera reunir fuerzas a fin de proteger la tierra, a los campesinos y los almacenes de trigo. Los seres humanos se volvieron temerosos y beligerantes, ya no confiaban en el Espíritu ni en los demás. Las experiencias directas con lo divino dieron paso a las religiones supervisadas por intermediarios entre Dios y el hombre.

La Medicina del Espíritu vuelve a traer nuestra conexión con el Espíritu y las fuerzas naturales a la ecuación curativa. Debemos romper nuestra lealtad a la mente tiránica a fin de encontrar paz dentro de nosotros mismos y vivir en armonía con todos los seres del planeta. Ya no podemos volver a las viejas costumbres de nuestros antepasados cazadores-recolectores del Paleolítico, pero sí recuperar su forma de experimentar el cosmos. Y eso es lo que necesitamos para mejorar nuestro circuito neuronal si queremos alcanzar el bienestar.

RECONFIGURAR EL CEREBRO

Durante mis viajes por la Amazonia observé que los chamanes utilizaban tres tipos diferentes de plantas para curar. El primer tipo es algo que yo llamo «el árbol aspirina»: si se padecía dolor de cabeza o malaria, se acudía al árbol aspirina

–un sauce blanco o el árbol de la quina– y se preparaba un remedio para combatir el dolor y reducir la fiebre con su corteza. Este es el tipo de medicina que se practica en Occidente: hallamos el remedio para los síntomas.

Existe otro tipo de plantas que los chamanes empleaban y que refleja mejor cómo funciona la medicina del Gran Espíritu, pues son plantas que estimulan la regeneración natural del cuerpo y los sistemas de curación. Activan las proteínas de la longevidad en las células y desintoxican las neuronas. Entre este tipo de plantas curativas se hallan las verduras de tipo crucífero y especias como la cúrcuma y la pimienta negra. Analizaremos estos extraordinarios alimentos en el quinto capítulo, pues son los pilares de la Medicina del Gran Espíritu.

Y, finalmente, el tercer tipo de alimentos curativos comprendía aquellos que los chamanes usaban para reparar y nutrir el cerebro. En estos remedios, que ayudan a activar el neocórtex –las zonas más evolucionadas del cerebro– se incluyen plantas como la uña de gato y alimentos ricos en omega-3. Hoy en día, existe una enorme cantidad de investigaciones que estudian los beneficios de los suplementos de omega-3 en la reparación cerebral, la prevención de la demencia o el tratamiento de enfermedades como el TDAH.

No es necesario negociar con brujos para conseguir el elixir de la Medicina del Espíritu ni volar hasta la Amazonia para lograr una sanación chamánica. Podemos restablecer el cerebro aquí y ahora, mediante un cambio en los circuitos que logre anular la programación basada en el miedo y que silencie la mente tiránica.

EL CEREBRO LÍMBICO Y LAS REDES NEURONALES DEL MIEDO

Cuando la mente se comporta de manera tiránica, pone en funcionamiento programas inconscientes del antiguo cerebro límbico. El cerebro límbico está centrado en la supervivencia. Al caer en sus garras, se ven peligros por todas partes y se reacciona como animales atrapados. A menudo se le conoce como el cerebro mamífero, y se rige por cuatro principios de supervivencia –alimentación, lucha, huida y reproducción–, que se activan cuando el cerebro se sustenta a base de cereales procesados y azúcar. El sistema límbico es la misma área cerebral donde tenemos los antojos por los alimentos dulces cuando estamos tristes o nos sentimos inseguros.

La obsesión del cerebro límbico por la comida y el sexo, sus ansias de consumir drogas que aturdan la mente y su inclinación por la agresión, el aislamiento emocional y otros comportamientos destructivos se pueden anular con el neocórtex: el «nuevo» cerebro. Este nos permite aprender, crear e imaginar el futuro y hacer planes; está, además, programado para encontrar belleza ya sea en un concierto de Mozart o en una elegante solución matemática.

El neocórtex mejora gracias a la Medicina del Espíritu; no así el sistema límbico, el cual se guía por las sensaciones, la búsqueda del placer y las emociones. El nuevo cerebro necesita grasas buenas para conseguir el mejor rendimiento posible. De lo contrario, balbucea durante la mayor parte del tiempo –con alguna que otra breve revelación– pero sin conocimiento duradero. Sin embargo, cuando estamos agobiados, el nuevo cerebro no logra funcionar correctamente, por lo que deja que el cerebro límbico ocupe el asiento del conductor. El problema es que el cerebro límbico evolucionó durante la época en la que permanecíamos tranquilamente sentados en la orilla del río o tendidos en la sabana africana viendo una puesta de sol, por lo que no está habituado al ritmo del mundo de hoy en día. Puede llegar a estar tan sobreestimulado que secuestre todo el sistema neural. Es entonces cuando se reduce el flujo sanguíneo que se dirige a la parte frontal del cerebro, donde percibimos las oportunidades y encontramos las soluciones más creativas a los problemas. Y, paralizados por el miedo, nos sobrecogen las emociones y nos volvemos ciegos de celos o ira o tan dominados por la ansiedad que no podemos pensar con claridad.

A menudo ni siquiera somos conscientes de que funcionamos a partir de las convicciones programadas por el cerebro límbico. Estas creencias, orientadas por la supervivencia, se centran en el miedo y la violencia: el mundo es un lugar peligroso; hay tigres a la vuelta de la esquina esperando para devorarnos o no hay suficientes provisiones para salir adelante; la muerte significa el fin de nuestra existencia. Creencias como estas quedan grabadas en las redes neuronales del cerebro.

Las redes neuronales son autopistas de información que procesan nuestras percepciones y nuestros sentimientos. Nos dicen que el rojo indica peligro y el verde significa que podemos pasar, quién es sexy y quién aburrido, etc. Contienen un mapa dinámico de nuestro mundo y del funcionamiento de nuestra realidad. Este mapa consta de imágenes, sonidos, olores, recuerdos y experiencias de la infancia. Se cree que al menos la mitad de nuestros mapas de la realidad se forman en el útero, cuando las hormonas del estrés de la madre atraviesan la barrera de la placenta hasta el feto. De este modo, si tu madre no está segura de poder contar con el apoyo de tu padre, tu mapa codificará una realidad en la que no puedes contar con los hombres para que te apoyen o un universo en el que los hombres no respaldan tus esfuerzos. Si, por el contrario, tu madre está segura de que puede contar con su ser amado, tu mapa mental mostrará un mundo en el que se puede confiar en ellos y creará esta realidad a tu alrededor.

Estas redes neuronales neonatales se fortalecen cuando tu experiencia del día a día demuestra que tu mapa mítico es cierto; y cada vez que esto sucede se forman más conexiones neuronales. Así pues, con el tiempo todo ello se convierte en el camino más transitado y, finalmente, en la única vía. Un TAC cerebral puede mostrar la amplitud de estas redes en un área particular del cerebro. También, en caso contrario, cuando una red neuronal cae en desuso, el vacío en esa zona cerebral se puede apreciar mediante un escáner. Por lo que, incluso si se tiene un despertar espiritual durante un retiro de meditación de fin de semana, a menos que se haga un esfuerzo para seguir practicando una vez se vuelva a la despiadada existencia cotidiana, la epifanía desaparecerá. No es nada fácil ser un monje zen en la América empresarial.

Nuestras redes neuronales nos convierten en criaturas de hábitos. Dejamos de tener ideas innovadoras y percepciones originales desde muy temprano. De hecho, la mayor parte de nuestras redes se establecen cuando tenemos siete años y dejamos de dibujar cerdos lilas e imaginar casas en las nubes y en las raíces de los árboles. Las experiencias adversas de la infancia no solo afectan al desarrollo, sino que también se vinculan a los niveles más altos de alcoholismo, enfermedades cardiovasculares, depresión, embarazos adolescentes y muchas otras conductas negativas.

De igual modo que desarrollamos redes neuronales prácticas para todo –leer, ir en bicicleta o ser educado–, los traumas infantiles forman redes de miedo, ira, sufrimiento y abandono que se codifican en el cerebro límbico. Repetimos, entonces, los temas subyacentes a estas experiencias incluso cuando no las recordamos. Al reflexionar sobre mi vida, soy consciente de que siempre he sufrido por los mismos temas: la pérdida del amor, el dolor y el abandono. Y el miedo. Cuando me mudé a Nueva York durante un verano hace unas décadas, llegué a mi nuevo apartamento en un día caluroso. Un grupo de chicos musculosos con camisetas sudorosas estaba sentado en los escalones de la entrada, así que yo estaba convencido de que me había mudado a un barrio de atracadores y asesinos. Más tarde, descubrí que esos chicos eran mis vecinos y que no podían ser más agradables. Sin saberlo, había superpuesto mis recuerdos de infancia de la revolución cubana en esos inocentes vecinos.

Con frecuencia, estos temas se transmiten de padres a hijos. En la Amazonia, a esto se le llama maldición generacional: puede activar los genes de una enfermedad. Un patrón emocional se manifiesta como una dolencia física. Las enfermedades autoinmunes, que hacen que el sistema inmunitario ataque sus propias células, están normalmente presentes en las familias con fronteras emocionales débiles: los miembros de la familia presentan dificultades para reconocer de quién es cada cosa.

A pesar de la fuerza de voluntad que ejerzamos para cambiar nuestros hábitos, a veces caemos de nuevo en viejos temas por culpa de nuestras eficientes redes neuronales. No obstante, las buenas noticias son que podemos restablecer nuestro cerebro para conseguir felicidad y mejores resultados.

LA NEUROPLASTICIDAD

La neuroplasticidad, la idea de que nuestras experiencias y percepciones afectan al funcionamiento y la estructura cerebrales, es un descubrimiento relativamente nuevo que coincide con lo que los sabios ya sabían hace millones de años acerca de cómo la mente da forma al mundo físico, incluyendo el cerebro. De ahí su importancia para mejorar y nutrir el cerebro a fin de que este pueda acceder a la Medicina del Espíritu.

Además, experimentar la Medicina del Espíritu altera el cerebro. Despertar a la Unidad, sumergirse en la creación divina, puede ayudar a cambiar carriles en la autopista de información de este órgano de manera que se vea el mundo con otros ojos. Después de tomar la Medicina del Espíritu, es más sencillo desprenderse de las viejas historias y crear otras nuevas, más interesantes y beneficiosas.

Las redes neuronales actúan como filtros que excluyen ciertas experiencias, para permitirnos percibir tan solo una parte limitada de la realidad. Por lo que, como los viejos exploradores aztecas, no lograremos percibir las naves de los conquistadores (que luego parecieron ser muy obvias). Igual que no lograremos reconocer las señales de advertencia emocional de la persona con la que salimos antes de enredarnos en una relación tóxica.

Estas redes también crean profecías que se cumplen por el hecho de formularlas. Si crees que el mundo está lleno de ladrones y mentirosos, precisamente eso es lo que hallarás. La terapia del habla no es eficaz a la hora de desmontar historias escritas durante traumas infantiles, puesto que, en lugar de ayudarnos a escribir una historia nueva y mejor, solo refuerza la antigua.

La Medicina del Espíritu trabaja para mejorar la información en el campo de energía luminosa, lo que permite crear nuevas redes neuronales. Llenando el CEL con energía y sabiduría, la Medicina del Espíritu borra las energías oscuras y estancadas que albergan recuerdos de las heridas del pasado. Cuando la historia que se reescribe se codifica, se establecen redes nuevas y más positivas en el cerebro.

Una vez hayas tomado la Medicina del Espíritu, te resultará más fácil calmarte y conocer tu naturaleza primordial. Experimentar el mundo invisible del Espíritu cuando lo desees te concienciará de la enorme cantidad de recursos disponibles para mantener una vida sana y creativa.

Segunda parte

LIBERARSE DE LOS VIEJOS CAMINOS

Capítulo 4

DESINTOXICAR EL APARATO DIGESTIVO Y EL CEREBRO

Escucho mi estómago y me obligo a reflexionar sobre sus rugidos. Es mucho más fácil ayunar cuando sabes que hay comida disponible cerca. Me imagino que puedo ver las paredes del estómago frotándose las unas contra las otras, los músculos tensándose, y cada contracción me brinda imágenes que había olvidado de mi infancia: mamá, papá, playa, felicidad. Papá se ha ido. Me asusto. Soledad. Adolescencia, amor, mentira, arrogancia y engaño; todo en uno. ¿A quién le suplico mi perdón cuando ya no creo en nada?

He decidido, pues, volver sobre los pasos de Hiram Bingham –el descubridor de Machu Picchu– a través de las selvas de Perú hasta la mítica Ciudad de la Luz inca. Es curioso que cuando a un hombre «civilizado» se le muestra un lugar donde los indígenas han vivido durante siglos, se le llame su descubridor; como si los indígenas hubieran estado manteniéndolo en secreto al resto del mundo entero.

Ahora estoy acampando en una cueva debajo de las ruinas desiertas. He ayunado durante tres días antes de entrar en la ciudadela, puesto que, de lo contrario, según cuentan los chamanes, me perdería el Machu Picchu «espiritual»: todo lo que vería sería un montón de piedras y no la ciudad invisible que cubre las ruinas ¿Seré capaz de ver a través de la niebla los secretos de este antiguo palacio?

Y ¿por qué debo hacerlo con el estómago vacío? A esto el anciano me respondió: «Para conocer a la bestia que hay dentro de ti y dejarla fuera de las ruinas». La bestia representa todo mi pasado: la búsqueda de la gloria disfrazada de aventura y las recompensas al ego por revelar los tesoros de antiguas culturas al mundo. La bestia soy yo.

Todos los cabos sueltos, todas las relaciones contaminadas, todas las penas y alegrías –es asombroso todo lo que emerge a la superficie cuando dejas de comer tres veces diarias, aunque sea durante un par de días–. Soy consciente de que incluso mi cuerpo delgado tiene suficiente grasa corporal como para vivir durante meses. Sin embargo, el hambre es un gran maestro. No es de extrañar que la psicología de Occidente sea oral y anal.

Diario

Considera esto: tienes un segundo cerebro en tu sistema digestivo y es tan importante como el de tu cabeza. Este segundo cerebro es una red de más de cien mil millones de neuronas que se comunican de forma directa con el cerebro de tu cabeza. Las neuronas forman una especie de entramado que rodea todo el tubo digestivo –de unos diez metros de largo– que va desde la boca al ano. Este entramado no se preocupa de la poesía, del amor, de la filosofía o de si hay vida tras la muerte; su principal preocupación es la rutina diaria de la digestión: la desintegración de las partículas de los alimentos para la extracción de los nutrientes y su posterior absorción y la eliminación de residuos. No obstante, pese a ser un trabajo excepcional, todo el poder neuronal no se dedica exclusivamente a la digestión y la eliminación. El nervio vago –el más largo de los nervios craneales– va a través del cuerpo desde el sistema digestivo al cerebro, trasladando diferente información vital.

Así pues, ¿qué tipo de información envía el cerebro intestinal al cerebro que tenemos entre nuestras orejas? ¿Qué relación tiene con nuestros estados de ánimo, nuestros sentimientos y nuestros «instintos intestinales»?

El cerebro intestinal produce y utiliza el 95% de la serotonina del cuerpo. Esta es una hormona y un neurotransmisor que desempeña un papel crucial en el desarrollo de nuestro cerebro, que procesa las emociones. La serotonina también mejora el crecimiento de las nuevas neuronas en el hipocampo, la parte del cerebro límbico que regula el sistema de lucha o huida. El hipocampo nos permite tener nuevas experiencias y aprender de ellas. Tanto el cerebro anterior como el hipocampo tienen que funcionar de manera óptima para que la Medicina del Espíritu, a su vez, funcione; pero eso se debe, en gran medida, a otro papel también importante que la serotonina desempeña.

Por la noche, la serotonina se convierte en melatonina para indicarle al cerebro que es el momento de dejar la realidad y entrar en el reino mágico de los sueños. Se encuentra en plantas, animales, hongos y bacterias y es, posiblemente, la hormona más antigua y universal en la evolución de la vida en la Tierra. La serotonina se conoce como la hormona de la «felicidad» o del «sentirse bien». Es químicamente parecida a la DMT, «la molécula espiritual», que es sintetizada por la glándula pineal en el cerebro, aunque no solo se encuentra en el cerebro humano, sino en toda la naturaleza: la mayoría de las plantas y los animales la poseen. La DMT es también un componente de los alucinógenos, que se emplean tradicionalmente en los pueblos indígenas de América, como la ayahuasca, un brebaje psicodélico elaborado por los sanadores de la Amazonia como cura y ayuda para la visión.

Hoy en día, la DMT es una puerta para los investigadores del mundo occidental que se aventuran en un territorio espiritual que antaño era de dominio exclusivo de los chamanes y otros psiconautas originarios: «Ciertamente, la DMT [...] puede abrir las capas de tu ego –explica Mitch Schultz, el director del documental *The Spirit Molecule* (La molécula del Espíritu), un reportaje acerca de la investigación pionera de Rick Strassman sobre la DMT y la experiencia espiritual–. Si se dejan atrás todas estas capas de ego, se empieza a concebir una idea sobre la perfecta conciencia de tu propio ser. Y eso para mí es más real que lo real, si se quiere. Más real que la alucinación que vivimos a diario».

Es evidente que la DMT juega un papel importante en el logro de los estados de consciencia asociados con la Medicina del Espíritu. Creo que la naturaleza diseñó el cerebro para que este permitiera a la glándula pineal convertir la serotonina en DMT, con el fin de dejarnos acceder a la consciencia superior y a la percepción directa de nuestra interconexión con toda la creación. Ello constituye otra razón de peso para vigilar la salud del cerebro intestinal, donde fabricamos nuestra serotonina.

LA MEDICINA OCCIDENTAL IGNORA EL SISTEMA DIGESTIVO

La medicina occidental está utilizando sus mejores recursos, incluidos los medicamentos y tratamientos quirúrgicos, para limitar los estragos que causan los malos hábitos alimentarios y la vida sedentaria. No obstante, al mismo tiempo, prácticamente ignora la extraordinaria capacidad de autocuración del cuerpo. Según la Fundación Kaiser Family, el 90% de los norteamericanos mayores de sesenta y cinco años depende de la receta de, al menos, un medicamento para combatir una enfermedad.[5] Poseemos miles de fármacos para combatir los síntomas, pero casi ninguno para abordar las causas subyacentes de los desequilibrios que han llevado a la enfermedad.

Las investigaciones demuestran que la mayoría de las dolencias de la vida moderna empiezan en el aparato digestivo y se relacionan con nuestra dieta. El cerebro intestinal es una gran autopista de muchos carriles de tráfico de información que van en ambas direcciones entre ambos cerebros. El estrés mental y emocional desencadena una serie de respuestas físicas que afectan al aparato digestivo, mientras que las alteraciones en el microbioma influyen en el funcionamiento de la salud cerebral. Cuando la colonia del sistema digestivo se desequilibra, con más microorganismos nocivos que beneficiosos, la flora intestinal comienza a producir toxinas que destruyen el sistema inmunitario, alteran la función cerebral y el estado de ánimo y debilitan las defensas.

Hace poco acompañé a mi madre al médico y lo primero que este preguntó fue:

—¿Qué medicamentos está tomando?

En Occidente, si se padece ansiedad, confusión cerebral o depresión, la mayoría de los médicos y psicólogos no preguntarán qué tipo de comida ingieres, ni prestarán atención al equilibrio entre la flora beneficiosa y la no beneficiosa en tu sistema digestivo. Y si tienes trastornos gastrointestinales, es poco probable que el gastroenterólogo te pregunte por tu estrés mental y emocional. Cuando se trata de reparar el cerebro intestinal, los doctores occidentales están empezando a ponerse al día sobre lo que nuestros antepasados ya sabían. El mismo día que acompañé a mi madre al médico, llevé al perro a la veterinaria, y lo primero que esta me preguntó fue:

—¿Con qué alimenta a su perro?

Por lo que decidí que, si alguna vez enfermaba de nuevo, pediría cita con mi veterinario.

En los últimos años, la neurociencia ha confirmado que nuestros pensamientos, nuestras creencias y nuestros sentimientos influyen en la estructura física de nuestro cerebro. Una vez vuelve el cerebro a un estado óptimo de funcionamiento, es mucho más fácil hacer cambios conscientes en nuestros hábitos y nuestro estilo de vida. Incluso si eres una de esas pocas personas que afirman que manejan el estrés bastante bien, definitivamente debes mejorar tu cerebro.

¿Duermes bien? ¿Puedes recordar tus sueños al despertarte? ¿Eres capaz de soñar de forma lúcida sabiendo que estás soñando mientras estás sumergido en el sueño? ¿Aprendes con facilidad? ¿Tienes la capacidad de adaptarte a nuevas situaciones fácilmente? ¿Puedes dejar el estrés del trabajo en la oficina y no arrastrarlo hasta casa? Si has respondido que no a alguna de estas preguntas, eso significa que necesitas mejorar tu cerebro.

TOXINAS QUE DETERIORAN LA FUNCIÓN CEREBRAL

Cada día, las toxinas que se encuentran dentro y fuera de nuestro cuerpo dañan al eje cerebro-sistema digestivo. Provienen de los alimentos que ingerimos, el agua que bebemos, el aire que respiramos e, incluso, de la propia tierra: el suelo contaminado poluciona las plantas y el suministro de agua. Nuestros cuerpos contienen más de seiscientas variedades de microbios que vienen de la naturaleza –incluyendo lo que un investigador llama «el zoológico virtual de bacterias»–, que superan en una proporción de diez a uno al número las células originarias de nuestro propio organismo y que, por ende, contienen nuestro ADN. La flora de nuestra piel, nuestra boca y nuestro aparato digestivo necesita convivir en armonía.

Estamos diseñados para ingerir, de manera rutinaria, microorganismos del medio ambiente para estar en continuo intercambio de bacterias con la tierra, el cielo, el aire y el agua. Cuando aún somos fetos en el vientre de nuestra madre, estamos libres de microbios; sin embargo, una vez pasamos por el canal intrauterino, empezamos a adquirir los millones de microorganismos que componen nuestro microbioma. Esa es una de las razones por las que la leche de la madre es tan importante para el bebé: los recién nacidos recogen aquellos microbios alrededor del pezón que se convierten en parte de su flora intestinal. Con el paso del tiempo, más microbios entran en el sistema digestivo a medida que se empieza a explorar el mundo: poniendo los pies en el suelo, recibiendo besos de tus padres (o lametones del perro de la familia), agarras la comida con las manos sucias... De hecho, un amigo microbiólogo sugirió hace poco que la razón por la que las personas nos besamos es para que los virus comprueben si son compatibles los unos con los otros.

Y mientras que poseemos algo así como unos tres metros cuadrados de piel, la superficie de nuestro sistema digestivo, que está constantemente analizando el medio ambiente a través de los alimentos que ingerimos, tiene aproximadamente el tamaño de una pista de tenis (más de novecientos metros cuadrados). En realidad, la manera más básica que tenemos de relacionarnos con el medio ambiente es a través de nuestro sistema digestivo, y no de nuestras manos o nuestra piel, por lo que no debe estar libre de microbios, pues no funcionará de manera correcta a menos que poseamos suficiente flora beneficiosa en él. Sin embargo, cada vez que tomamos un antibiótico estamos, de alguna manera, «bombardeando» toda la flora intestinal, tanto la nociva como la beneficiosa; no es de extrañar que muchos de nosotros padezcamos trastornos digestivos y enfermedades inmunes: hemos expuesto demasiado nuestros sistemas digestivos a esta carga tóxica.

Mejorar el eje cerebro-sistema digestivo (tanto el sistema digestivo como el propio cerebro) requiere una desintoxicación del cuerpo para la eliminación de las toxinas dañinas.

LAS TOXINAS AMBIENTALES

Hoy en día, las toxinas que hallamos en el medio ambiente suponen un porcentaje arrollador en nuestros cuerpos.

Estamos constantemente atacados por pesticidas, productos químicos, conservantes e incluso medicamentos que se desechan en el inodoro y que se abren paso en la capa freática. Existen más de ochenta mil productos químicos, que se usan hoy en día, que eran desconocidos hace cien años. La quema de combustibles fósiles y la eliminación de residuos han añadido aún más contaminantes a nuestro entorno y han aumentado nuestra carga tóxica.

Nuestros antepasados estaban más protegidos. Durante cientos de miles de años, nuestro planeta fue capaz de adaptarse a los cambios provocados por la intervención humana. Nuestro impacto en la tierra por donde pasamos y en las aguas donde pescamos era mucho menor; no se causaba ningún daño irreparable al ecosistema. Se vivía de manera sostenible: la comida era orgánica, los residuos se reciclaban fácilmente y se construían casas con materiales naturales como barro y paja. No poseíamos alimentos genéticamente modificados, plásticos con una media de vida de diez mil años ni esmaltes de uñas hechos con formaldehído.

Sin embargo, todo esto cambió cuando empezamos a explotar productos naturales como el plomo y el mercurio y los llevamos a nuestras casas –así como a nuestros cuerpos– a través de artículos de uso cotidiano como la pintura, las bañeras, las bombillas, las tuberías de plomo, los empastes dentales y, aún más recientemente, a través de pescados y mariscos contaminados. El mercurio es una conocida neurotoxina, y tanto él como el plomo han sido partícipes en el aumento de problemas de aprendizaje y TDAH. De hecho, la expresión del inglés *mad as a hatter*, «loco como un sombrerero», que significa que alguien está «loco de atar», hace referencia a los trastornos mentales que padecían los trabajadores que se dedicaban a la fabricación de sombreros de fieltro, una práctica muy común en los siglos XVIII y XIX para la que empleaban mercurio, a cuyos vapores se veían expuestos. Además, los metales como el plomo y el mercurio se almacenan en la grasa corporal, y casi el 60% del cerebro se compone de grasa.[6]

No obstante, los metales pesados no son los únicos contaminantes ambientales que afectan a nuestra salud. En el último siglo, hemos liberado miles y miles de sustancias químicas artificiales en el medio ambiente. Las moléculas sintetizadas en los laboratorios se encuentran en productos como pesticidas, materiales resistentes al fuego, ropa, champús, utensilios de cocina antiadherentes, aparatos electrónicos y botellas de agua de plástico, así como en productos químicos que se emplean en la minería y en las industrias, en medicamentos y en drogas. La información sobre cómo estos productos químicos nos afectan es escasa: de los ochenta y dos mil aprobados para su uso en Estados Unidos, solo en una cuarta parte se ha probado su efecto sobre las personas. Sin embargo, ninguna de sus moléculas puede ser ingerida por insectos o bacterias y luego reciclarse en sustancias que el cuerpo humano y el medio ambiente puedan usar. (La razón por la que las patatas fritas, de comida rápida, no pierden su color o su forma cuando permanecen durante meses debajo del asiento del coche deportivo familiar es porque ningún microbio que se precie querría tener algo que ver con la comida químicamente saturada.)

Desafortunadamente, una de sus consecuencias es que la mayoría de las sustancias químicas que fabricamos permanecen en el medio ambiente en su forma original. Tenemos edificios antiguos llenos de pintura a base de plomo tóxico y sustancias químicas cancerígenas contaminan el lodo del fondo de los ríos que siguen la corriente, una vez pasadas las fábricas que los contaminan. Los fármacos que echamos a la basura o al inodoro también se unen a la mezcla de toxinas de la tierra, el agua y el aire. Entre los contaminantes más extendidos en Norteamérica hallamos los materiales resistentes al fuego, que impregnan prácticamente cualquier producto manufacturado que podamos encontrar en cualquier lugar. Son revestimientos exteriores: cuando las partículas microscópicas se desprenden, se unen al polvo y se distribuyen por el aire. Los investigadores han descubierto sustancias resistentes al fuego en una gran variedad de alimentos populares en estantes de supermercados, incluyendo mantequillas y cacahuetes. Y lo que es más preocupante, han hallado también esta sustancia en la leche materna.

Cuando las moléculas dañinas se propagan, son inhaladas, ingeridas, bebidas o absorbidas por la piel, causando daños antes de ser arrojadas de nuevo al medio ambiente en un ciclo tóxico que no tiene fin. Los humanos, además, no somos los únicos seres afectados: las orcas que hasta hace poco nadaban en las aguas del estrecho de Georgia también lo son.

ALIMENTOS MODIFICADOS GENÉTICAMENTE

El caos que hemos provocado con estos productos químicos repercute en toda la cadena alimentaria. Pero se puede igualar a otra amenaza, de alimentos ingeridos a diario, aún más insidiosa. Gran parte de la sobrecarga tóxica de nuestros sistemas digestivos proviene de alimentos modificados genéticamente y, en la mayoría de los casos, ni siquiera nos damos cuenta de que las toxinas están en el menú. Los científicos alteran cada vez más el ADN de los alimentos, y los cultivos de estos, para crear productos más duraderos, más resistentes a enfermedades y plagas, más sabrosos y más atractivos visualmente. No hay más que acudir a un mercado agrícola para apreciar cómo las manzanas magulladas son más difíciles de vender que sus compañeras de apariencia brillante e intachable.

Las plantas no pueden huir de sus enemigos, por lo que la naturaleza las equipa para que sinteticen sustancias químicas que repelen a los depredadores. Más del 90% del maíz cultivado en Estados Unidos, sin embargo, contiene un gen modificado genéticamente que permite a las plantas producir un insecticida aún más potente. Aquellos insectos que tratan de comerse ese maíz mueren al instante, ya que sus estómagos se desgarran. El gen que se introduce en el maíz (y en los cultivos de algodón) procede de la bacteria *Bacillus thuringiensis* (Bt). La industria alimentaria afirma que dicha toxina representa una amenaza menor para los seres humanos o los animales, puesto que, según su versión, se destruye rápidamente en el estómago. Sin embargo, los ratones expuestos al Bt han mostrado efectos terribles –desde reacciones alérgicas hasta daños en el sistema digestivo– y los trabajadores agrícolas de la India que manipulan el algodón modificado con esta bacteria han sufrido reacciones alérgicas como estornudos, goteo nasal y lagrimeo, escozor y ardor en los ojos.

Hoy en día, la toxina Bt se encuentra en casi un 85% de todos los arroyos y canales de agua de Estados Unidos, y más del 90% de las mujeres embarazadas que se analizaron la presentaron en la sangre. Esto no confirma ni mucho menos las declaraciones de la industria, en el sentido de que no va a tener efectos duraderos en nuestro suministro alimentario.

La soja es otro cultivo que se modifica genéticamente con frecuencia. La soja Roundup Ready de Monsanto está diseñada para tolerar el pesticida Roundup. Las investigaciones han hallado que las proteínas modificadas genéticamente en el maíz y la soja insertan sus genes en el ADN de las bacterias de tu sistema digestivo, donde continúan su función mucho después de haber dejado de comer soja o maíz.

También los tomates, las calabazas y la remolacha genéticamente modificados constituyen un lugar común hoy en día. Y encontramos comida con su carga genética alterada no solo en la sección de vegetales del supermercado, sino en otros pasillos que nunca hubiéramos imaginado, como en la sección de pescado. En realidad, más del 70% de los alimentos de los estantes de las tiendas de comestibles contienen sustancias alimenticias que han sido modificadas genéticamente. A menos que comamos alimentos que indiquen claramente que están certificados como orgánicos por el departamento de agricultura de cada país, estamos formando parte del mayor experimento genético sin precedentes en la larga historia de la Tierra.

LOS EFECTOS TÓXICOS DE LOS CEREALES

La ingeniería genética no constituye la única manera en que las toxinas de los alimentos pueden dañar el eje cerebro-sistema digestivo. A escala mundial, nos enfrentamos a nuevas enfermedades propiciadas por la dependencia generalizada de una dieta basada en cereales; lo cierto es que uno de los problemas que encontramos es que el trigo que ingerimos no es el trigo que se comía hace setenta y cinco años. Para eliminar el hambre en lugares como la Unión Soviética, la revolución verde del período posterior a la Segunda Guerra Mundial introdujo un trigo enano de alto potencial que contenía veinte veces más gluten que las viejas cepas europeas, lo que alteró la composición del pan que actualmente consumimos (el gluten es una proteína que da elasticidad a la masa). El espectacular aumento de la enfermedad celíaca (un trastorno autoinmune debilitante que consiste en que, tras la ingestión de gluten, este daña el sistema digestivo) está claramente relacionado con este importante cambio en nuestra dieta.

Tanto si padeces este trastorno como si no, la cruda realidad es que todos nos hemos convertido en intolerantes al gluten en un grado que es sorprendente. Hallamos gluten en la mayoría de los cereales, incluidos el centeno y la cebada; sin embargo, el sistema digestivo humano no ha evolucionado para funcionar bien con una dieta a base de cereales. Por lo tanto, los cereales se han convertido en algo tóxico para muchos de nosotros y esta dieta rica en ellos está, asimismo, dañando nuestro eje cerebro-sistema digestivo.

Los hidratos de carbono de los cereales se descomponen en glucosa, que sirve de combustible para el cerebro. Sin embargo, los carbohidratos no son el mejor combustible. Los circuitos de orden superior del cerebro humano evolucionaron para funcionar con grasas. Cuando el cerebro se alimenta de los azúcares de los cereales, retrocede a un modo de supervivencia depredador, primitivo, que afecta de forma negativa a nuestro estado de ánimo, nuestro funcionamiento mental y nuestra salud en general.

LOS EFECTOS TÓXICOS DEL AZÚCAR

Pero sin duda, la toxina más mortal que se encuentra en la mayoría de los hogares es el azúcar. Un adulto medio estadounidense consume más de sesenta y ocho kilos de este producto al año (incluyendo azúcares falsos como el aspartamo, la sacarina, la sucralosa y el sirope de maíz alto en fructosa).[7] Los alimentos procesados son fuente de gran parte del azúcar que consumimos, incluso aquellos que creemos que no son dulces: el ketchup, la mantequilla de cacahuete y el yogur, que a menudo contienen azúcar o sustitutivos.

Se puede llegar a pensar que ponerle sacarina al té será más saludable que usar azúcar natural, pero los edulcorantes artificiales pueden ser aún más perjudiciales para el cerebro y para el sistema digestivo. Los azúcares falsos confunden al cerebro, creándole antojos de comidas que contengan azúcar y cereales –alimentos que sustentan las levaduras, los hongos y las bacterias perjudiciales de nuestro sistema digestivo y que nos llevan al aumento de peso–. El uso de edulcorantes artificiales se ha vinculado a la diabetes tipo 2.

El azúcar en todas sus formas, excepto en la miel, también reduce los niveles de FNDC –un factor neurotrófico derivado del cerebro–, una hormona que provoca el crecimiento de nuevas neuronas y de células madre en el cerebro y que repara estructuras cerebrales cruciales. Incluso se cree –y es un tema candente en estos días– que la conexión entre la diabetes y el alzheimer se puede atribuir a la dieta típica de Occidente alta en azúcar.[8]

Los antojos de ciertos alimentos, y en particular por la comida basura azucarada, son una respuesta a un malestar emocional. Tu pareja te abandona o has tenido un contratiempo en el trabajo: ¿hacia dónde se dirige tu deseo? Hacia una galleta de chocolate, o probablemente al paquete entero. Pero los antojos no son solo un problema psicológico, algo que suceda solo en tu cabeza; también residen en tu eje cerebro digestivo.

Tal vez creas que te atiborras a pastel de chocolate o a tortilla de patatas porque te apasiona su sabor, pero la verdadera razón por la que no puedes comer solo un poco es que las levaduras, los hongos y las bacterias nocivas de tu sistema digestivo prosperan mediante el azúcar, y para conseguir su dosis emplean los antojos de carbohidratos o azúcar. Cuando a ratas de laboratorio adictas a la cocaína se les da a elegir entre la cocaína y el azúcar, el 100% de las veces eligen este último. Los alimentos que contienen azúcar y los carbohidratos estimulan los mismos centros en el cerebro que las drogas como la heroína y la cocaína. Liberan el neurotransmisor dopamina, provocando placer como respuesta, de modo que se asocia la comida al placer y, en consecuencia, después se come más porque se quiere más placer. Así continúa el ciclo hasta que te vuelves adicto a los alimentos de consolación.

Cada vez que sientes antojos y comes una galleta, una magdalena o un plato de pasta, significa que las bacterias nocivas están ganando la batalla por tu sistema digestivo.

TOXINAS ENDÓGENAS

No todas las toxinas que afectan al eje cerebro-sistema digestivo provienen de los alimentos o del medio ambiente. Los microbios «malos» que se hallan en el sistema digestivo y la descomposición de hormonas liberan toxinas en el interior del cuerpo. Los microbios comen y eliminan los desechos igual que lo hacen las personas y las toxinas que producen afectan al cerebro y otros órganos.

Henry Lin, investigador de la Facultad Keck de Medicina de la Universidad de California, ha trazado una nueva manera de pensar acerca de cómo las toxinas afectan al cerebro. Según Lin, un desequilibrio bacteriano en el intestino delgado que esté causado por bacterias caprichosas que migran del intestino grueso a alguna región libre de bacterias,[9] acarrea una respuesta de los sistemas inmunitario y nervioso que puede llevar al insomnio, a la ansiedad, a la depresión y a dañar la función cognitiva. El sistema inmunitario del sistema digestivo envía señales al cerebro para producir altos niveles de CRF (siglas en inglés del factor liberador de corticotropina), lo que provoca un aumento de los niveles de la hormona del estrés, de cortisol y del neurotransmisor dopamina, reduciendo los niveles de serotonina.

LO QUE OCURRE EN EL SISTEMA DIGESTIVO NO SOLO AFECTA AL SISTEMA DIGESTIVO

Es evidente que lo que ocurre en el sistema digestivo tiene repercusión en todo el cuerpo. Un sistema digestivo sano se llena de miles de millones de componentes de una flora intestinal beneficiosa que ayuda a digerir los alimentos adecuadamente, extraer todos los nutrientes de ellos y producir vitaminas. Entre otras cosas, estas bacterias consiguen sintetizar las vitaminas B, C y K, por lo que los investigadores empiezan a denominar a la microflora intestinal del sistema digestivo «el órgano olvidado». Las bacterias favorables del tracto gastrointestinal ayudan a reducir la inflamación celular y a mantener bajo control las toxinas. También juegan un papel importante en la creación y el mantenimiento del sistema inmune de la mucosa intestinal. Y todavía más: entrenan al sistema inmunitario para distinguir la diferencia entre los patógenos (microorganismos que hacen que enfermemos) y los antígenos no dañinos (que nos ayudan a combatir enfermedades). Mantener este equilibrio evita que nuestro sistema inmune reaccione de manera desproporcionada, causándonos alergias.

Las bacterias benéficas deberían ser mucho más numerosas que las perjudiciales en nuestro sistema digestivo. Lo cierto es que no solo los cereales o el azúcar alteran el equilibrio de la flora intestinal. Las hormonas, los antibióticos y otros medicamentos en carnes no orgánicas y en la leche también fomentan el crecimiento de levaduras y microorganismos nocivos y la disminución de bacterias beneficiosas. Recientemente, ha habido un gran aumento de personas que presentaban una forma débil de colitis provocada por el *Clostridium difficile (C-diff)*, que se asocia al desequilibrio intestinal causado por el uso de antibióticos.

Investigaciones clínicas han descubierto que las personas con sistemas digestivos duramente dañados por el uso de antibióticos pueden mejorar mediante la ingestión de materia fecal de individuos sanos. Suena, ciertamente, repugnante; pero si se está en peligro de perder la vida por una infección intestinal grave y debilitante, apuesto a que cualquiera se dejaría de remilgos. Un estudio publicado en *The New England Journal of Medicine* en enero de 2013 registró una tasa de curación del 94% de colitis en los casos en los que se administró materia fecal, en contraste con el 31% de los casos tratados con el antibiótico vancomicina.[10]

Thomas Louie, médico de la Universidad de Calgary, ha desarrollado un tratamiento más agradable en forma de píldora. En la actualidad, las píldoras se personalizan para cada paciente, pero en el futuro serán generales para aproximadamente el medio millón de afectados (solo en estados Unidos) afectados por el C-diff. Sin embargo, a pesar de que la mayoría de las personas no llegan a estar tan gravemente enfermas como para necesitar una revisión radical de los microorganismos del tracto gastrointestinal, sí es cierto que, en general, mucha gente presenta signos de desequilibrio intestinal (aunque no asociemos los gases, las hinchazones, los cambios de humor, la depresión leve y las alergias a problemas de nuestra flora intestinal). Estando en la universidad, solía creer que las flatulencias eran solo cosas de chicos; pero ahora veo que es algo que puede afectar a cualquiera que tenga en peligro las bacterias beneficiosas del sistema digestivo a causa de los azúcares, el trigo procesado y los cereales ricos en gluten.

Si evitáramos el gluten y los carbohidratos de trigo procesado y reconstruyéramos nuestra flora con probióticos de buena calidad, nuestro sistema digestivo podría restaurar gradualmente las colonias de microorganismos beneficiosos y eliminar, o limitar, la mayoría de los nocivos. Sin embargo, si continuamos consumiendo alimentos cargados de gluten, obtendremos como resultado inflamación, disminución de nuestras defensas y una enfermedad conocida como síndrome del sistema digestivo permeable.

LOS PELIGROS DE UN SISTEMA DIGESTIVO PERMEABLE

Puesto que la piel que recubre los intestinos es notablemente fina, el gluten llega a aflojar las estrechas conexiones que tenemos en las paredes intestinales. Debido a ello se vuelven permeables o se agujerean, y los restos de alimentos no digeridos y las bacterias se trasladan a través de la mucosa intestinal al torrente sanguíneo. Imaginad una red hecha de materiales elásticos que se vuelve más permeable cuando se extiende. En el momento en que las bacterias foráneas alcanzan el torrente sanguíneo, el problema empeora, ya que en ese momento el sistema inmunitario trata el gluten como un microbio nocivo e invasor, lo cual pone en marcha una reacción autoinmune: se liberan citocinas y quimiocinas (mensajeros químicos del sistema inmune) que ordenan a las células asesinas naturales atacar el revestimiento del sistema digestivo. Ello se traduce en trastornos digestivos, así como sensibilidad a ciertos alimentos, sarpullidos, dolor de articulaciones e inflamaciones en todo el cuerpo. Mientras, el hígado y los riñones trabajan a gran velocidad para procesar todas las toxinas que han entrado en el torrente sanguíneo, algunas de las cuales, además, acaban traspasando la barrera hematoencefálica.

Para el cerebro, las consecuencias de un sistema digestivo permeable pueden llegar a ser terribles y de amplio alcance: dolores de cabeza, confusión mental, falta de concentración y pérdida de memoria a corto plazo (de hecho, muchos de los problemas de la vejez se deben a un sistema digestivo permeable). Algunas personas con este tipo de sistema digestivo padecen depresiones y ansiedad; otras se vuelven hiperactivas, impulsivas e irritables. La carga tóxica del cerebro desactiva los circuitos del amor, la belleza, la creatividad y la alegría. Y lo peor de todo es que este órgano pasa a funcionar en modo piloto automático, cediéndole los controles al cerebro límbico más primitivo, con sus cuatro respuestas fundamentales frente a la vida: luchar, huir, comer y fornicar. Con todo esto, tratamos de entender por qué estamos de tan mal humor, por qué seguimos perdiendo el móvil o por qué el mundo parece más hostil y amenazante. Además, con esta enfermedad uno no tiene absolutamente ninguna posibilidad de experimentar los estados superiores de conciencia.

El mejor cambio para reparar un sistema digestivo permeable y acabar con la sobrecarga de toxinas que conducen a ello es eliminar el azúcar y el gluten de nuestra dieta y reponer la flora intestinal. Desintoxicarse del azúcar requiere prescindir no solo de los dulces, sino también de los cereales procesados, que se convierten en glucosa al instante, aumentando el azúcar en sangre. Ciertamente, los cereales integrales contienen suficiente fibra para mantener estables los niveles de azúcar en sangre, pero si quieres mejorar tu cerebro para que te ayude la Medicina del Espíritu, deberás evitar *todo* cereal procesado. Si ello parece innecesariamente estricto, recuerda que la cantidad mínima diaria recomendada de carbohidratos es cero.

Eliminar el azúcar también implica dejar de comer frutas como la sandía o las pasas, que tienen un índice glucémico más alto que un helado. Las frutas y verduras contienen un alto índice de fibra pero no glucémico y, además, retrasan la absorción de glucosa, por lo que nuestro nivel de azúcar en sangre no aumenta.

AYUNAR

El ayuno es crucial en el proceso de desintoxicación. Abstenerse de comer tiene una larga historia, que se remonta a miles de años: era una forma de limpiar el cuerpo y la mente a la espera de vivir una experiencia espiritual. Tradicionalmente, los chamanes podían subsistir a base de agua durante unos días con el fin de preparar el cerebro para su correcto funcionamiento, sin que las toxinas lo confundieran, y así poder recibir la Medicina del Espíritu.

El propósito del ayuno no es reducir peso, pues ello no es más que un peligroso mal uso de esta práctica. Ayunamos para activar los mecanismos de reparación de nuestro cuerpo y limpiar la neblina cerebral. Ciertamente, el ayuno limpia el organismo a nivel celular: la reducción de la ingesta de azúcares y carbohidratos durante más de unas pocas horas desencadena un proceso llamado autofagia, en el que los residuos de dentro de las células se reciclan en forma de componentes esenciales para estas.

Cuando las células se desintoxican, eliminan los desechos celulares del torrente sanguíneo, desde donde se llevan hasta el tracto gastrointestinal y se eliminan del cuerpo. Al consumir azúcares, nos ponemos en modo construcción, reparación y creación de músculo; pero al abandonarlos durante unas horas, empezamos la autofagia y el reciclaje.

Incluso durante un proceso de ayuno corto, sucede algo asombroso. En solo veinticuatro horas, la producción de la hormona del crecimiento humano aumenta en un 1.500% y se reparan las células que componen los tejidos. No comer azúcares durante tan poco tiempo como dieciocho horas despierta el sistema de autorreparación, desintoxica las células y activa los genes de la longevidad. El ayuno para desintoxicar consiste en no comer azúcares o cereales entre las seis de la tarde y el mediodía del siguiente día.

CUATRO COMIDAS AL DÍA

Desintoxicar la piel, los riñones, el hígado y los pulmones es más eficaz si se comen alimentos buenos, sanos y orgánicos durante el proceso. El menú básico para preparar el cerebro y el resto del cuerpo para la Medicina del Espíritu consiste en una gran cantidad de vegetales frescos y fibrosos, frutos secos saludables, semillas, aceites y pescados que contengan omega-3. Estos alimentos proporcionan suficiente grasa saludable para avivar el cerebro. Para mantener el eje cerebro-sistema digestivo y la función mitocondrial, es recomendable obtener la mayor parte de las grasas de los frutos secos, las semillas, los aguacates, el aceite de oliva virgen extra prensado en frío y el aceite de linaza.

Asimismo, debemos asegurarnos de comer muchas verduras crucíferas fibrosas como la coliflor, el brócoli y la col, que ayudan a desintoxicar, ya que encienden la vía Nrf2 –una vía genética que regula la producción de antioxidantes y enzimas de desintoxicación y activa los genes de la longevidad en las células–. Hemos de evitar el maíz, pues tiene un alto índice glucémico y eleva los niveles de azúcar en sangre.

Durante el proceso de desintoxicación, se debe limitar el consumo de fruta a una porción al día (al mediodía) y evitar los zumos de frutas, que aumentan el nivel de azúcar en sangre. En su lugar, se puede empezar la jornada con un zumo verde fresco, a base de vegetales orgánicos. Si se desea, se puede agregar una pequeña cantidad de zanahoria o de manzana para mejorar su sabor.

Tras la desintoxicación, nuestro sistema será capaz de manejar cantidades moderadas de otros alimentos saludables. Ese será el momento en el que se podrá agregar una taza de café al día y, ocasionalmente, un vaso de vino. No estoy sugiriendo prohibir alimentos de alto índice glucémico como la remolacha o la sandía en nuestra dieta para siempre, solo que prestemos atención a las señales del cuerpo y del estado de ánimo para saber cuándo se necesita una desintoxicación de nuevo.

La mayoría estamos acostumbrados a tomar tres comidas al día más los aperitivos. Durante la desintoxicación de siete días, se deben ingerir cuatro comidas al día, incluyendo dos desayunos ¡sin ningún tipo de comida basura entre ellas!

Al despertar, se empieza el día con el primer desayuno: una bebida hecha de vegetales de hojas verdes, especialmente de col rizada. Más tarde, a media mañana, se vuelve a desayunar alimentos que lleven grasas saludables, como el aguacate, y proteínas como huevos o salmón ahumado (pero nada de frutas o cereales).

Se puede comer una pieza de fruta con el almuerzo, si se desea, junto con verduras al vapor y proteínas. Las proteínas podrían proceder del pescado o de la quinoa, un «pseudocereal» libre de gluten, además de ser rico en nutrientes, grasas saludables y proteínas.

La cena será una comida ligera, de nuevo con un plato de proteínas y grasas saludables. Hay que asegurarse de hacer todas las comidas antes de las seis de la tarde. Eso te proporcionará dieciocho horas de ayuno durante la noche, fuera del sistema de fomento de la glucosa, lo que permite que las células entren en autofagia.

A pesar de que durante milenios una dieta basada en vegetales era lo normal para cualquier persona, la mayoría de nosotros no está acostumbrada a tomar zumos verdes, ensaladas y sopas de verduras de desayuno. Para cocinar platos sabrosos, puedes agregar nueces, semillas y aceites saludables, así como hierba fresca o seca. Mientras nos preparamos para la Medicina del Espíritu, debemos únicamente agregar aceite de linaza o de oliva virgen extra a nuestras comidas o ensaladas para potenciar el sabor. Para cocinar, se debe utilizar solo aceite de coco, que puede soportar altas temperaturas. No cocinaremos con aceite de oliva, pues se descompone con el calor.

No se deben nunca hervir los vegetales o sobrecocinarlos, porque se rompe la fibra y se destruyen los fitonutrientes y las vitaminas. Las verduras deben ser al vapor o salteadas en caldo de verduras con hierbas. O podemos comerlas crudas, con aceites saludables.

La mejora física y emocional que se obtiene con una desintoxicación de siete días puede inspirar un cambio permanente a una dieta orgánica a base de plantas con grasas saludables y libre de cereales procesados. Aunque reducir la exposición a venenos externos ayuda al sano funcionamiento del cerebro, cambiar a una dieta basada en nutrientes vegetales optimizará la capacidad del cuerpo de eliminar toxinas y nos proporcionará salud.

MENÚ PARA DESINTOXICAR

Si no estás seguro de qué debes comer durante tu proceso de desintoxicación, las siguientes son algunas sugerencias:

- **Primer desayuno** (7 de la mañana): zumo verde. Receta: 6 hojas pequeñas de col china, 2 hojas de berzas, medio calabacín, 2 tallos de apio, una pizca de jengibre, medio limón pelado y media manzana verde. Tómate sobre un cuarto de litro. No tomes café ni té y bebe mucha agua, tanto durante las comidas como en el día, en total al menos unos 8 vasos.

- **Segundo desayuno** (10 de la mañana): proteínas y grasas a tu elección. Los huevos, el queso de cabra, el aguacate, el pescado y los frutos secos son todos buenas opciones.
- **Comida**: ensalada verde con una buena porción de verduras al vapor o salteadas en caldo vegetal. Usa aceites sanos y sazona con hierbas y especias. Combínalo con un puñado de semillas o frutos secos, aguacate o una ración de salmón ahumado, cualquier pescado salvaje, quinoa o carne orgánica y magra procedente de ganado alimentado con hierba. Fruta a elegir.
- **Tentempié de la tarde**: frutos secos, semillas, puré de aguacate con especias y hierbas aromáticas, una pequeña ensalada o un zumo verde.
- **Cena**: lo mismo que en la comida del mediodía.

Puedes tomar té verde durante todo el día. El té verde contiene una pequeña cantidad de cafeína pero muchos antioxidantes y puede ayudar en la desintoxicación celular.

LA DESINTOXICACIÓN: QUÉ DEBES ESPERAR

Durante los primeros días de desintoxicación, al eliminar los azúcares, los cereales y otros alimentos procesados de la dieta es normal que te sientas cansado, dolorido e incómodo. Puedes también experimentar mal aliento, gases y dolores de cabeza a causa de que las toxinas están saliendo de tu cuerpo. Beber mucha agua te ayudará a acelerar el proceso, pues el agua ayuda a eliminar las toxinas a través del hígado y la vesícula. También eliminarás toxinas a través de la piel, tal vez sudes más de lo usual. Durante los primeros días de desintoxicación es bueno que descanses más. Si puedes, sería bueno programar el inicio en un fin de semana.

No te sorprendas si durante el proceso de desintoxicación tienes dificultad para concentrarte o experimentas cierta pesadez mental. Las toxinas están almacenadas en la grasa del cerebro y durante el proceso de desintoxicación comenzarán a fluir hacia el torrente sanguíneo a fin de ser eliminadas.

Puede ser que también te sientas algo irritable y de mal humor. La desintoxicación física tiende a aflorar emociones enterradas durante mucho tiempo. Las emociones tóxicas se combinan con las toxinas físicas y tu cuerpo deberá trabajar duro para liberarse de ambos venenos, físicos y emocionales. Presta atención a los sentimientos y los recuerdos que salgan a la superficie. Posiblemente vuelvas a experimentar viejas heridas que ya estaban enterradas. Trata de no reaccionar, no es el momento de tomar grandes decisiones ni de enfrentarte a otros por asuntos personales. En lugar de ello, tómate el tiempo necesario para procesar las emociones que se están liberando.

Te recomiendo que durante los siete días de desintoxicación lleves un diario; esto ayudará a que parte de tu irritabilidad no se vuelque sobre las personas que te rodean. Llevar un diario también te servirá para tener una perspectiva de las experiencias pasadas que estás volviendo a vivir en este momento y el hecho de procesar viejas heridas te llevará al perdón. De hecho, tras unos días, cuando tu cabeza comience a aclarase, verás muchos problemas bajo un punto de vista muy distinto. Tal vez incluso te des cuenta de que las emociones tóxicas simplemente han desaparecido.

Y al funcionar tu cuerpo mucho mejor, tal vez descubras que necesitas dormir menos y te sientes más descansado.

MONITOREAR TU PROGRESO

Una forma de observar tus progresos en la desintoxicación es controlar tus niveles de glucosa. En cualquier farmacia puedes comprar un glucómetro por muy poco dinero.

Comprueba tu nivel de azúcar en la sangre por la mañana antes de comer nada. Debe estar entre 75 y 90 mg/dl. Lo ideal es que permanezca por debajo de 85. Dos horas después de comer comprueba otra vez tu nivel de glucosa. No debe sobrepasar los 40 puntos por encima de como estaba antes de comer. Aunque 105 de glucosa en ayunas se considera normal, a fin de protegerte tanto de la diabetes como de la demencia, es mejor que trates de lograr un nivel más bajo.

Para obtener lecturas más exactas sobre los cambios de tu nivel de glucosa, comprueba el azúcar durante varios días antes de comenzar la desintoxicación, luego durante la desintoxicación, y luego después de la desintoxicación. Al cambiar tu dieta y alimentar tu cerebro con grasas y plantas ricas en nutrientes, comprueba periódicamente tus niveles de azúcar para ver cómo los niveles de glucosa van bajando.

La desintoxicación también bajará los niveles del factor de crecimiento similar a la insulina (IGF-1, por sus iniciales en inglés). El IGF-1 es una proteína estrechamente relacionada con la insulina y un factor de crecimiento necesario en la juventud mientras nos crecen los dedos de las manos y de los pies. Sin embargo, para los adultos, los niveles elevados de IGF-1 están relacionados con crecimientos patológicos. El IGF-1 indica riesgo de cáncer, de hecho es un marcador tumoral. Al bajar tus niveles de IGF-1 reduces las posibilidades de desarrollar cáncer y otras enfermedades. Al realizar exámenes de sangre en los participantes del estudio en Chile, hallamos que los niveles de IGF-1 habían bajado entre un 30 y un 50%.

Cardiólogos investigadores del Intermountaint Medical Center Heart Institute descubrieron también que el ayuno baja igualmente el riesgo de contraer enfermedades coronarias y también diabetes, que son las causas principales de muertes en los Estados Unidos. Incluso un ayuno de veinticuatro horas incrementa los niveles de la hormona del crecimiento humano, la cual repara el organismo y mantiene el equilibrio metabólico en un sorprendente 1300% en los hombres y un 2000% en las mujeres.

SÉ PACIENTE

Una de las cosas más importantes que se debe recordar es que la desintoxicación es un proceso. El cerebro límbico –el rey tirano– seguramente se revelará en contra de tus esfuerzos por quitarle su azúcar y su trono, rico en dopamina, pues él domina tus decisiones, tus emociones y tus percepciones. Puede insistir en que no está ocurriendo nada, y en caso de que así fuera, ¿para qué desintoxicarse? Cualquiera que sea la excusa que tu cerebro primitivo presente no hagas caso a su insistente voz.

Sé paciente contigo mismo durante el proceso de desintoxicación. Tu cerebro intestinal no se puede reparar a sí mismo sin un poco de incomodidad, tampoco puedes revertir años de malos hábitos en pocos días. Sin embargo, el resultado es que incluso una corta desintoxicación hará que te sientas mucho mejor rápidamente –normalmente dentro de los tres primeros días– y esto te animará a seguir con un modo de vida más sano.

SUPLEMENTOS PARA LA SEMANA DE DESINTOXICACIÓN

Haz planes para tomar los siguientes suplementos todos los días del proceso. Se toman dosis bastante altas de algunos de ellos, pero solo durante los siete días. Para más información sobre los suplementos y las indicaciones de uso tras el proceso, consulta el capítulo 5, «Superalimentos y supersuplementos.

Por la mañana (al levantarse)

La vitamina B12 es esencial para la desintoxicación del hígado y la preservación intacta del ADN, algo importante para el crecimiento celular. La mayoría de los estadounidenses presentan una deficiencia en esta vitamina. Debemos asegurarnos de tomar metilcobalamina sublingual, una forma mejorada de B12 que se disuelve de manera rápida debajo de la lengua. Se deben tomar unos 2.500 microgramos.

La vitamina C es también esencial. Se deben tomar 2.000 miligramos.

La vitamina D3, es crucial para la absorción del calcio y para prevenir o reducir la depresión, la demencia, la diabetes y los trastornos autoinmunes. A lo largo de la desintoxicación de una semana, se deben consumir 5.000 unidades internacionales.

El glutatión S-acetil es la primera forma biodisponible de glutatión, un potente destructur de radicales libres. Hay que tomar un gramo por la mañana con el estómago vacío.

El DHA y el EPA, ácido docosahexaenoico y ácido eicosapentaenoico respectivamente, son ácidos grasos omega-3 importantes para la salud del cerebro y la prevención del alzheimer. Se encuentran en pescados, nueces, semillas y ciertos aceites, pero se recomiendan también los suplementos (3 gramos).

La curcumina, ingrediente activo de la cúrcuma, activa los genes que activan poderosos antioxidantes en el cerebro. Se debe consumir un 1 gramo asegurándonos de que está en forma liposómica.

El trans-resveratrol, que se encuentra en el vino tinto y en las uvas rojas, también estimula la producción de antioxidantes del cerebro y regula los genes que activan la apoptosis, la muerte celular programada. Hay que tomar 500 miligramos.

El pterostilbeno, que se encuentra en los arándanos y las uvas, trabaja con el trans-resveratrol para prevenir el cáncer y otras enfermedades. Es necesario tomar 250 miligramos.

El ProAlive Probiotic reasienta la flora intestinal saludable y facilita la digestión. Se deben tomar cinco gotas con agua (se puede pedir ProAlive Probiotic en www.ascendedhealth.com).

El aceite de coco es un buen combustible para el cerebro. Es suficiente con tomar una cucharadita por la mañana y otra a media tarde.

Por la tarde (dos horas después de cenar)

El ácido alfa-lipoico ayuda a eliminar toxinas y metales pesados incrustados en el tejido cerebral. Hay que tomar una pastilla de 600 miligramos.

El citrato de magnesio ayuda al movimiento intestinal y la eliminación de residuos, así como a la relajación de músculos. Se deben tomar dos pastillas de 500 mg o una cucharadita en polvo.

OTRAS AYUDAS PARA LA DESINTOXICACIÓN

Baños, cepillados y sauna

La piel constituye uno de los principales órganos implicados en la desintoxicación. Se puede acelerar el proceso de eliminación de toxinas con baños de desintoxicación, cepillado de la piel y saunas o baños de vapor.

Los baños de desintoxicación funcionan estimulando el cuerpo para la liberación de toxinas a través de la piel, es decir, mediante el sudor. El agua muy caliente hace sudar y la sal de Epsom, que no es sal, sino sulfato de magnesio, se puede agregar para calentar el agua y acelerar el proceso. Nuestro sistema absorbe el magnesio y libera las toxinas, que luego se desechan por los poros. La sal de Epsom también impulsa la circulación sana y un mejor uso del oxígeno y los minerales, además de reducir la presión arterial y la inflamación. Asimismo, relaja los músculos y reduce el estrés.

Añadir aceites esenciales al baño para la desintoxicación puede relajarnos aún más. El aceite de lavanda desprende un aroma que, como se ha demostrado, libera la tensión muscular. Otros ingredientes que se pueden agregar al baño, ya sea solos o en combinación, son el bicarbonato de sodio, el vinagre de manzana y la sal del Himalaya, que también ayudan a desintoxicarse a través de la piel.

Debemos permanecer unos veinte minutos en estos baños, prestando especial atención en no caer al salir.

Las saunas también pueden ayudar a desechar toxinas. Una sauna convencional, que hace circular el aire caliente, causa problemas de respiración a algunas personas y no es tan efectiva como la sauna infrarroja. Los infrarrojos lejanos (lejanos se refiere a la posición en el extremo final del espectro lumínico) penetran en la piel a una profundidad de dos centímetros y medio, liberando, de este modo, las toxinas almacenadas en las capas de grasa que se forman debajo de la epidermis.

Los baños de vapor también pueden ser útiles, pero igual que las saunas convencionales, el baño de vapor solo calienta la superficie de la piel, por lo que no es tan eficaz como las saunas de infrarrojos lejanos.

El cepillado de la piel estimula la circulación, lo que ayuda a la desintoxicación. Antes o durante estos baños, debemos cepillar todo el cuerpo. Podemos adquirir un cepillo específico para este propósito en tiendas de alimentos saludables o por Internet. Debemos asegurarnos siempre de limpiar el cepillo de manera frecuente y dejar que se seque completamente antes de volver a usarlo. Son de uso individual.

CONSEJOS ADICIONALES

Debemos movilizar los intestinos una o dos veces al día. Se pueden usar laxantes naturales, si es necesario, o tomar citrato de magnesio, que también tiene efecto laxante.

Limita el consumo de carne durante la desintoxicación y elimina los lácteos.

Capítulo 5

SUPERALIMENTOS Y SUPERSUPLEMENTOS

Has de ser muy cuidadoso con lo que metes en tu cabeza, pues nunca te podrás librar de ello.

Cardenal Thomas Wolsey,
sobre el rey Enrique VIII

Una vez has comenzado a eliminar las toxinas de tu cuerpo, el paso siguiente es asegurarte de que tu dieta consta de alimentos orgánicos, ricos en nutrientes y cargados de información. Los superalimentos son alimentos como los arándanos y el brócoli, que confieren especiales beneficios a la salud. Tomar los superalimentos y suplementos de este capítulo no puede más que eliminar el riesgo de alzheimer, cáncer, diabetes y una gran cantidad de otras enfermedades de la civilización.

Versiones silvestres de muchos superalimentos formaban la base de la dieta de nuestros más antiguos antepasados y siguen siendo fundamentales en la de muchos pueblos indígenas actuales. En las pocas sociedades de cazadores-recolectores que todavía existen, el autismo, la demencia, la diabetes, el cáncer y los desórdenes autoinmunes son muy raros o inexistentes. No es una coincidencia que la dieta de estas sociedades haya cambiado muy poco desde la época paleolítica. Nueces, frambuesas, fresas, frutos, vegetales y caza menor se utilizaban como fuentes principales de alimentación de nuestros antepasados, mucho antes de que los cereales se convirtieran en un alimento de primera necesidad. Hoy en día, la mayoría de nosotros vive mucho más alejada de la naturaleza de lo que lo hacían los cazadores-recolectores y compramos nuestra comida en supermercados o en tiendas de comestibles, más que buscar en la selva. Pero también nosotros podemos acercarnos a la dieta ideal, si comprendemos lo que incluye y por qué es tan beneficiosa.

Los antropólogos abandonaron hace tiempo la idea de que la carne de los grandes animales cazadores era central en la dieta de los primeros cazadores-recolectores. Los seres humanos evolucionaron junto con las plantas, no junto con los animales, y durante miles de años fuimos terribles cazadores (imagínate intentando derribar a un gran predador con una roca o ahuyentando una manada de búfalos por un acantilado para conseguir algún trozo de carne para cenar). Incluso después de que los cazadores primitivos desarrollasen lanzas hace quinientos mil años, los animales de la selva podían fácilmente huir de ellos. La carne de búfalo o de mamut era solo un complemento ocasional de una dieta basada fundamentalmente en plantas, que incluía fuentes de proteínas como nueces, semillas e insectos, y ocasionalmente pescado, caza menor o reptiles. Cuando se capturaba un animal grande, se consideraba un evento sagrado, un ofrecimiento del Espíritu para ser compartido con todo el poblado.

Hace unos cincuenta mil años nos volvimos más hábiles en la caza, pero incluso entonces los animales se consideraban sagrados y no se les arrebataba la vida de manera ligera. Antes de que Colón llegase al Nuevo Mundo en 1492, había más de sesenta millones de bisontes pastando en las grandes llanuras de Norteamérica, pero alrededor de 1890 quedaban en Estados Unidos poco más de doscientos. Los cazadores de caza mayor provocaron prácticamente su extinción: un deporte popular de la época era disparar a estas grandes criaturas desde la parte trasera de un tren de pasajeros que cruzaba las llanuras, y luego dejarlos pudriéndose en el suelo. Por el contrario, los indígenas nunca cazaron por deporte, y cuando mataban un animal, utilizaban cada una de sus partes, para comida o vestido.

La dieta humana comenzó a cambiar hace unos seis mil años. Centrados en trabajar sus campos, en la era de la agricultura el hombre tenía una dieta basada en las cosechas que cultivaba. Dependiendo del lugar en el que vivía, su dieta básica pasó a ser el trigo, el maíz o el arroz. Todos esos cereales son una fuente importante de azúcar. Básicamente, estaban llenando sus cuerpos, incluido su cerebro, de glucosa.

Las plantas silvestres que los cazadores-recolectores cosechaban y comían servían tanto de alimento como de medicina. Solo muy recientemente hemos llegado a ser lo bastante eficientes en la captura de peces, en la caza menor y en la cría de animales como para convertirlos en la parte central de nuestra dieta. Desde luego, hoy en día, la mayor parte de la carne y del pescado que llevamos a nuestras mesas no son de primera clase ni montaraces, sino que son criados en condiciones horribles, con una dieta basada en cereales. Hasta el salmón de piscifactoría es alimentado con maíz. Al mismo tiempo, la carne y el pescado que compramos en las tiendas locales están casi siempre llenos de hormonas y antibióticos que se les inyecta o se añade a su comida, lo que plantea graves preguntas acerca de la salud de la carne que consumimos.

Hoy por hoy, todos los niños escolarizados conocen el valor de los vegetales en la dieta. Ahora bien, lo que la mayoría de nosotros no sabemos es que las plantas ofrecen una importante información al cuerpo, más allá de simplemente asegurar una dieta equilibrada. Los científicos han encontrado que son maestras reguladoras de la expresión de los genes en los seres humanos (*expresión de los genes* se refiere al proceso por el cual el ADN elabora las proteínas que constituyen el cuerpo). Micro-ARN –hebras individuales de material genético de las plantas– circulan por nuestra corriente sanguínea, activando o desactivando genes.[11] Estas hebras microscópicas regulan nuestros niveles de colesterol y dirigen la destrucción de los virus y las bacterias que nos invaden. Los micro-ARN son trabajadores sociales decisivos, que envían mensajes rápidamente a genes determinados. Tienen el poder de activar los genes que producen salud y desactivar los que provocan cáncer, enfermedades cardiovasculares, diabetes y otros muchos trastornos de la civilización. Durante treinta años de investigación clínica en el Centro Médico de la Universidad de California, el doctor Dean Ornish, fundador y presidente del Instituto de Investigación de Medicina Preventiva, ha descubierto que una dieta basada fundamentalmente en plantas activa más de quinientos genes que previenen enfermedades y desactiva más de doscientos que las provocan. Aunque su programa incluye cereales integrales como parte de la dieta basada en plantas, yo recomiendo eliminar los cereales totalmente durante una desintoxicación de una semana para reducir el nivel de azúcar en sangre hasta el punto de activar la autofagia.

El programa de la Medicina del Espíritu se basa en zumos de verduras de hoja verde, por la mañana, para dar instrucciones a los genes y que reparen los órganos y los sistemas corporales y restablezcan la salud cerebral. Las instrucciones ofrecidas por las verduras y los suplementos activarán la producción de células madre de todo el cuerpo. La mayoría de los vegetales verdes tienen un contenido muy bajo en azúcar, de modo que incluso si se toman en zumo, eliminando la mayor parte de la fibra, no subirán el nivel de azúcar en sangre. Se pueden tomar vegetales ricos en fibra más tarde, en la comida (la fibra enlentece la absorción del azúcar y ayuda a la digestión, apoyando a las bacterias amigas del aparato digestivo). Atención: las raíces, como las remolachas y las zanahorias, tienen un alto índice glucémico y son bajas en fibra, por lo que no se recomiendan durante la desintoxicación.

Algunas plantas se consideran superalimentos debido a su alto contenido fitonutriente y la elevada calidad de la información que ofrecen a nuestro ADN. *Phyto*, «planta», procede del griego; los fitonutrientes o fitoquímicos son los compuestos de las plantas que de manera natural las protegen de bacterias, hongos, plagas perniciosas y otros invasores, y a ellos se deben sus propiedades curativas antioxidantes, antiinflamatorias y otras. Los fitonutrientes son la causa de que las tribus que conocí a lo largo de la Amazonia no padecieran las cuatro dolencias principales de la vida moderna: cáncer, enfermedades cardiovasculares, diabetes y demencia.

Las plantas ricas en fitonutrientes, como las verduras crucíferas, los tomates y varios frutos secos y semillas, son fundamentales para los pueblos que viven en zonas azules – áreas alrededor del planeta cuyos habitantes gozan de una longevidad y una buena salud inusualmente altas, en especial Okinawa (Japón), Cerdeña (Italia), Nicoya (Costa Rica), Ikaria (Grecia) y Loma Linda (California), hogar este último de una extensa comunidad de adventistas del séptimo día, un grupo religioso que sigue una dieta ovolactovegetariana.

Como regla general, cuanto más colorida sea una fruta o una verdura, más rica es en fitonutrientes y mayor es su poder como superalimento. Aunque podemos ingerir fitonutrientes en forma de suplementos alimenticios, es preferible tomarlos en su forma natural para obtener todos los beneficios de sus nutrientes vivos.

Por muy cuidadosamente que creamos estar comiendo, podemos estar desaprovechando los nutrientes. La investigación ha demostrado que buena parte de los productos que compramos en los supermercados son relativamente deficientes en fitonutrientes, comparados con los vendidos en las granjas, en los mercados de agricultores o simplemente del huerto de tu balcón. Y ni siquiera los productos frescos de las granjas pueden igualar el poder de sus primos silvestres. Como explica Jo Robinson, autor de *Eating in the Wild Side: The Missing Link to Optimum Health*:

> Los dientes de león silvestres, antaño un regalo primaveral para los nativos americanos, tienen siete veces más

fitonutrientes que las espinacas, a las que consideramos un «superalimento». Una patata morada, originaria de Perú, tiene veintiocho veces más antocianinas (flavonoides) que combaten el cáncer que las patatas habituales. Hay una especie de manzana que tiene, sorprendentemente, cien veces más nutrientes que la Golden Delicious que se vende en nuestros supermercados.[12]

La razón de esta pérdida de nutrientes, explica Robinson, es que durante los últimos diez mil años los agricultores han estado seleccionando las plantas más dulces, las menos amargas, para que crezcan en sus campos, eliminando selectivamente el sabor ácido de la mayoría de los alimentos silvestres. Hoy entendemos que el sabor amargo, astringente, de algunas verduras indica que la planta es alta en polifenoles que la protegen de enfermedades y plagas. Pero nuestros antepasados agricultores seleccionaban las plantas que eran altas en azúcar y bajas en fibra –fuentes de energía rápida que eran más agradables de comer–. El resultado fue un constante declive de sus beneficios para la salud.

Para un beneficio máximo tendríamos que comer verduras y frutas estacionales, libres de pesticidas y cultivadas en la zona. Las de la mayoría de las tiendas de comestibles que venden como frescas han sido recogidas días o semanas antes de que maduren, con la idea de que madurarán por el camino. Pero en el proceso pierden buena parte del sabor y del valor nutritivo que habrían adquirido si hubieran madurado naturalmente bajo el sol. Apoyar a los agricultores locales no solo asegura que nuestros productos sean frescos, sino que también reduce la huella del carbono producida por el transporte de alimentos a largas distancias. Si no hay disponibles localmente frutas y verduras frescas, la mejor alternativa son las congeladas, siempre que sean recolectadas en el momento de máxima frescura y rápidamente congeladas. Frutas y verduras enlatadas deberían evitarse a toda costa: los alimentos tratados contienen todo tipo de productos químicos y de aditivos perniciosos y buena parte de su valor nutritivo se ha perdido. Cuando se te presente la oportunidad de conseguir alimentos naturales, no la dejes pasar. ¡No hay nada tan sabroso como una ensalada verde de dientes de león silvestres!

VERDURAS CRUCÍFERAS

Entre los alimentos más saludables se hallan las verduras crucíferas, que incluyen el brócoli, la coliflor, el repollo y la col rizada (*crucíferas* no se refiere a una propiedad de las verduras, sino a los pétalos de las plantas, que crecen en forma de cruz). Altas tanto en fibra y antioxidantes como en fitonutrientes, las verduras crucíferas activan el desintoxicante Nrf2 que hay en el interior de las células y estimulan los genes de la longevidad.

El Nrf2 es una potente proteína y factor de transcripción, capaz de proteger todos los órganos del cuerpo y todo tipo de tejidos contra dolencias como el cáncer, las enfermedades cardíacas, la demencia, daños pulmonares y enfermedades autoinmunes. Es uno de los mecanismos de defensa celular más importantes diseñados para hacer frente a los oxidantes –radicales libres– y al estrés oxidativo producido por las toxinas y los carcinógenos. (Un radical libre es una molécula que ha perdido un electrón e intenta robar uno a otra molécula, provocando inflamación y toda una serie de otras amenazas médicas.)

El **BRÓCOLI** se originó en el Mediterráneo y se menciona en textos romanos antiguos. Utilizado frecuentemente en la cocina italiana, llegó a América por primera vez cuando Thomas Jefferson lo trajo de Europa. El brócoli generalmente es verde, pero también hay variedades púrpura. Son comestibles tanto los tallos como los cogollitos. Pueden tomarse al vapor, al horno, asados, a la parrilla o cortados a trocitos y comidos crudos en ensalada. También pueden utilizarse en sopas o guisados a la cazuela, aunque conviene evitar sopas espesas, cremosas, o mucho queso, pues contiene leche y grasas perniciosas. El brócoli es rico en calcio, selenio y zinc, entre otros nutrientes. Es también alto en sulforafano, un potente antioxidante que estimula los senderos de desintoxicación celular. Muestra propiedades contra el cáncer y regula la expresión de los genes de la longevidad que hay en el interior de las células.

La **COLIFLOR** se originó tanto en Europa como en Asia. Generalmente es blanca, pero también hay variedades púrpura y anaranjada. Llena de nutrientes y con mucha fibra, la coliflor se utiliza mucho en los curris indios y al horno con cúrcuma, otro fitonutriente. Igual que el brócoli, puede hacerse al vapor, al horno, a la parrilla o tomarse cruda, además de usarse en sopas y cazuelas.

El **REPOLLO** y las **COLES DE BRUSELAS,** reconocibles por sus cabezas de hojas estrechamente apretadas, están cargados de nutrientes. De hecho, el repollo era utilizado en Grecia y en Roma como remedio para infinidad de enfermedades. Las coles de Bruselas son ricas en ácido fólico y en vitaminas

A y C, pero si se dejan poco hechas tienen un sabor amargo que las convierte en las verduras menos favoritas de la familia de las crucíferas, pero a la parrilla o al horno son muy sabrosas.

El **BOK CHOY O REPOLLO BLANCO** es un alimento básico de la cocina asiática. Cultivado en China durante unos seis mil años, ahora crece también en Norteamérica. Lleno de nutrientes, el *bok choy* contiene la enorme cantidad de veintiocho fitoquímicos,[13] incluido uno que se ha descubierto que previene el cáncer de ovario,[14] y gran cantidad de vitaminas A, C y K, así como ácido fólico y calcio. Es además una buena fuente de calcio, y a diferencia de las espinacas, es bajo en oxalato, una sustancia que se une al calcio y lo vuelve inapropiado para el organismo. El *bok choy* puede cocinarse o tomarse crudo y constituye un complemento saludable en los zumos verdes.

La **COL RIZADA**, como las espinacas y otras verduras que no forman una cabeza, han llegado a ser extraordinaria y merecidamente populares en Occidente. Está llena de fibra y de fitonutrientes y es una buena fuente de vitaminas A, C y K, así como de beta-caroteno, calcio y magnesio. Cada mañana añado col rizada a mi zumo verde, pues es una de las plantas más potentes y vibrantes. Cuanto más azul es su color, más nutritiva es.

La **COL SILVESTRE** tiene un contenido en fitonutrientes fuera de serie. Las investigaciones muestran que puede ser la más efectiva de las verduras crucíferas a la hora de reducir el colesterol, el riesgo de cáncer y las enfermedades cardiovasculares. Entre los miembros más antiguos de la familia del repollo, las coles silvestres fueron populares en la antigua

Grecia y en Roma. Llegaron a América desde África con el comercio de esclavos, y hasta tal punto constituyen una parte fundamental de la cocina sureña tradicional que Carolina del Sur las declaró la verdura del Estado. Se cocinan de muchas maneras distintas y sus grandes hojas pueden usarse como pan o tortillas entre los que poner otras verduras.

La **MOSTAZA**, que puede ser roja o verde, tiene un sabor picante parecido al de la rúcula. Fitonutriente superestrella, la mostaza se sitúa justo detrás de la col silvestre y la col rizada en capacidad de reducir el colesterol, y entre las crucíferas son las segundas más indicadas para la prevención del cáncer, después de las coles de Bruselas. Para obtener el mayor beneficio nutricional, haz un picadillo con las verduras y déjalas reposar cinco minutos antes de cocinarlas.

El **APIO** era cultivado por los romanos y se ha encontrado también en tumbas egipcias. Incluso se usaba ceremonialmente en el círculo ártico y en Alaska, donde crecen variedades resistentes. Los norteamericanos comen el tallo del apio de Pascal, la variedad más cultivada aquí, mientras que en Europa la variedad dominante es el apio rábano, del que se comen las hojas y el bulbo, pero no el tallo. El apio contiene vitaminas, especialmente la K, y trazas de minerales, como el calcio, y es una buena fuente de fibra. Untado con mantequilla de nuez, constituye un saludable y delicioso tentempié. Pero prestad atención, pues igual que los frutos secos y el marisco, puede provocar una reacción grave del sistema inmunitario, incluso un *shock* anafiláctico a quien sea alérgico a él.

VERDURAS CRUCÍFERAS		
Col china	Repollo	Col silvestre
Brócoli	Coliflor	Col rizada
Coles de Bruselas	Apio	Mostaza

OTROS VEGETALES RICOS EN FITONUTRIENTES

La **RÚCULA** es una verdura con hojas de sabor picante. Contiene antioxidantes y fitonutrientes que potencian el sistema inmunitario, y es rica en vitaminas A, C y K. Constituye una ensalada verde popular, pero aquellos que encuentran su sabor demasiado picante pueden mezclarla con otras verduras más suaves o utilizar la rúcula joven, que es menos fuerte. El *pesto* con rúcula resulta muy sabroso untado en verduras al horno o en langostinos. Se ponen las hojas en un procesador de alimentos, con aceite de oliva y nueces trituradas –otro superalimento– o piñones.

Las **ESPINACAS** están cargadas de magnesio, beta-caroteno y vitamina C, e incluso son una fuente de ácidos grasos omega-3. Como los tomates y las coles de Bruselas, proporcionan ácido alfa-lipoico, que es importante para la síntesis del glutation, un antioxidante fundamental para las funciones cerebrales.

La **ACELGA SUIZA** es uno de los vegetales más nutritivos. Se reconoce fácilmente por sus tallos y venas rojos, que contienen pigmentos llamados betalaínas, los cuales proporcionan un importante sostén antioxidante, antiinflamatorio y desintoxicante. Contiene también ácido siríngico, un flavonoide que controla el azúcar en sangre.

Las **LECHUGAS** constituyen un excelente fitonutriente para las ensaladas. Las más nutritivas son las variedades más oscuras y de hojas más sueltas. A la ensalada de lechuga se le puede añadir prácticamente cualquier otra verdura u hortaliza. Se puede aliñar con aceite, vinagre y hierbas, pero conviene evitar aliños cremosos y comerciales, pues generalmente contienen azúcares y conservantes.

El **KELP** es un tipo de alga muy popular en Asia, especialmente en la cocina japonesa. Contiene mucho calcio y es una excelente fuente de vitaminas C y K, así como de riboflavina y ácido fólico. Pero atención, pues también es alto en sodio.

El **PEREJIL** es la hierba más popular del mundo. Aunque se utiliza muchas veces como adorno, es mucho más que algo meramente decorativo. Rico en vitaminas, contiene un enorme 533% de la vitamina K que necesitamos diariamente y es una buena fuente de vitamina C. Una propiedad menos conocida es la capacidad de combatir el cáncer del perejil. Contiene aceites que inhiben el crecimiento del tumor de pulmón y propiedades que neutralizan los carcinógenos que hay en el humo de los cigarrillos y en el fuego de la parrilla con carbón.

El **CILANTRO**, también conocido como perejil chino, es una de las hierbas favoritas en la cocina mexicana. Contiene compuestos que envuelven a los metales tóxicos, así que es un buen elemento para incluir en una dieta de desintoxicación. Se cree que el cilantro promueve la salud digestiva, y un té preparado con sus hojas puede ayudar a calmar un estómago revuelto.

La **ALBAHACA** es otra hierba con propiedades curativas y una de las predilectas entre los cocineros. Constituye el principal ingrediente del *pesto* clásico y se lleva muy bien con otros superalimentos, especialmente con los tomates. Igual que el tomillo, contiene aceites con propiedades antibacterianas y puede ayudar a reducir las bacterias perniciosas del aparato digestivo. La albahaca es también rica en magnesio, que promueve la salud cardíaca.

LA CÚRCUMA

Junto con todos los vegetales saludables que son fundamentales en la dieta de la Medicina del Espíritu, está la cúrcuma, una especia saturada de beneficios para la salud. Ingrediente clave en el curry, es importante para la desintoxicación y reparación del cerebro y constituye un antiinflamatorio, antioxidante, fungicida y antimicrobiano extremadamente potente. En la India, donde la cúrcuma es básica en la dieta, el porcentaje de enfermos de alzheimer es la cuarta parte que en Estados Unidos. Los beneficios para la salud aportados por la cúrcuma se optimizan cuando se cocina, pero también puede combinarse con pimienta negra y utilizarse como suplemento alimenticio.

Derivada de la raíz de la planta *Curcuma longa*, se dice que la cúrcuma estimula el deseo sexual, y tradicionalmente se empleaba en ceremonias matrimoniales en la India. En sánscrito, «cúrcuma» se dice *haridra*; Haridra Ganesha es uno de los treinta y dos aspectos del Señor Ganesha, el dios hindú con cabeza de elefante que purifica a los devotos y les trae suerte. Esta especia sigue desempeñando un gran papel en los rituales de toda Asia, donde se asocia con la buena fortuna, la abundancia, la prosperidad y la salud.

La cúrcuma tiene un sabor terrenal, fuerte y al secarse, un color amarillo-anaranjado profundo que sugiere una conexión con el poder dador de vida del sol.

La curcumina es su principio activo y sus poderes incluyen la prevención del cáncer, la reducción de los radicales libres y un apoyo para el corazón, el hígado y el sistema gastrointestinal. La curcumina también ayuda a reducir el colesterol, es conocido por tratar las infecciones y reducir la flora perjudicial del aparato digestivo y de la piel y además activa los genes y estimula el FNDC y los glutationes, poderosos antioxidantes producidos por el cerebro. También activa el gen SIRT1, el llamado gen de la longevidad. Cuando se toma la curcumina como suplemento alimenticio, la dosis estándar es un gramo al día. Desafortunadamente, la curcumina tiene una escasa biodisponibilidad, es decir, muy poco de lo que se ingiere es aprovechado por el organismo. La mejor manera de tomar curcumina es en forma liposómica (a base de grasas), como nanopartículas.

FRUTOS SECOS Y SEMILLAS

Los frutos secos y las semillas constituyen excelentes fuentes de salud, a base de grasas vegetales. Los aceites de coco, de nuez, de **ALMENDRA** y de semillas de lino son, como el aceite de oliva virgen extra, fuentes concentradas de ácidos grasos omega-3 y contienen una larga lista de beneficios para la salud, desde la reducción del colesterol hasta la mejora de la depresión.

Entre los **FRUTOS SECOS**, las nueces son los nutrientes superestrella, pero otras variedades tienen también cualidades significativas: las almendras son altas en fibra; las nueces de

Brasil contienen selenio, un anticancerígeno; los anacardos son ricos en hierro, zinc y magnesio, un estimulante cerebral; las nueces pacanas ayudan a prevenir la formación de placas en las arterias, y las nueces de macadamia contienen la grasa más monoinsaturada (buena) de todos los frutos secos, por lo que ayuda a reducir el colesterol. Los cacahuetes –técnicamente son legumbres, no frutos secos– están llenos de nutrientes, pero es mejor evitarlos. Mucha gente es sensible a ellos y ocasionan, con bastante frecuencia, brutales alergias, que pueden ser fatales.

Las **SEMILLAS** son otra buena manera de aumentar nuestra ingesta de proteína y de omega-3. Las de cáñamo, con diez aminoácidos esenciales, son una excelente fuente de proteínas y contienen ácidos grasos omega-3 y omega-6 en una proporción ideal; las de sésamo son altas en calcio y otros minerales; las de girasol facilitan la digestión, y las de calabaza contienen lignanos que reducen el colesterol y ayudan a hacer la digestión, regulando el paso del alimento desde el estómago hasta el intestino delgado.

Tanto los frutos secos como las semillas se pueden esparcir en las ensaladas, en los platos de verduras o comerlos solos. Para lograr el valor más nutritivo de los frutos secos y las semillas, hay que asegurarse de que sean orgánicos y no tostados; además conviene conservarlos en la nevera para mantenerlos frescos y evitar el moho.

AGUACATES

Los pueblos antiguos de América sabían que el fruto del aguacate es un superalimento que ofrece multitud de beneficios. No te desconciertes por su alto contenido en grasas.

Los aguacates contienen grasas monoinsaturadas saludables, incluyendo ácido oleico, que reduce el riesgo de cáncer de mama y aumenta la absorción de nutrientes en el aparato digestivo. Estos frutos son una buena fuente de luteína, un carotenoide que evita la degeneración macular, y de ácido fólico, una vitamina B que evita las enfermedades del corazón y los infartos. Altos en fibra con un bajo índice glucémico, los aguacates ayudan a regular el azúcar en sangre. Son también una buena fuente del antioxidante glutatión, y con espinacas o tomates, que son altos en ácido alfa-lipoico, constituyen una excelente manera de proteger la salud celular. El guacamole, hecho con aguacates, tomates, perejil, un poco de limón, sal y cebolla, constituye una salsa rica en fitonutrientes. Pero mejor no uses una bolsa de patatas o tortillas mexicanas para untarlas con el guacamole; es mucho mejor cortar unas verduritas crudas y ponerlo en ellas.

BAYAS

Los **ARÁNDANOS** son las estrellas de los fitonutrientes. Contienen pterostilbeno, que reduce el colesterol y la presión sanguínea y protege contra el cáncer y la demencia. Entre los pocos frutos originarios de Norteamérica, los arándanos constituían un alimento básico en la dieta de las tribus de nativos americanos en todo el noreste de Estados Unidos. Conocidos por sus propiedades antioxidantes, son también ricos en hierro, selenio y zinc. Si puedes hallar la variedad silvestre, no los dejes pasar. Su valor nutritivo es incluso superior.

Las **BAYAS DE GOJI**, también conocidas como *wolfberries,* son originarias de China, donde han sido consideradas durante siglos como la llave de la longevidad. Nutritivamente muy densas, estas bayas contienen de dos a cuatro veces las propiedades antioxidantes de los arándanos, así como los nueve aminoácidos esenciales, lo que las convierte en toda una fuente de proteínas, como la carne. Las bayas de Goji constituyen un elemento fundamental de la medicina china tradicional. Aunque se suelen comer crudas, en infusión o en sopa, para propósitos medicinales habitualmente se utilizan extractos.

QUÉ COMER CON MODERACIÓN

En la antigüedad no se tenía acceso a los frutos durante todo el año, de modo que nuestros antepasados se adaptaban a comer solo los frutos que crecían donde ellos vivían, cosechados en su estación. Excepto en climas tropicales, *de la estación* significa que el fruto ha madurado al final de la temporada en la que crecen –a final del verano–. Desde un punto de vista evolutivo, el papel de la insulina –la hormona producida por el páncreas para indicar a las células que absorban el azúcar– era convertir los azúcares de las frutas en grasas que el cuerpo almacenaba para proporcionar energía a los cazadores-recolectores durante el largo invierno. Ahora bien, actualmente el largo invierno con pocas fuentes de alimento no llega nunca, de modo que nos quedamos estancados, con un exceso de grasa, especialmente en la zona media de nuestro cuerpo. Como nuestros organismos no han cambiado para poder comer frutos en grandes cantidades después de la estación en que crecen, confunde al sistema de la insulina, provocando un aumento grave del azúcar en sangre, a veces peligroso. Por tanto, deberíamos tomar una cantidad moderada de fruta, consumiendo todo el fruto, no solo el zumo, para evitar las subidas de azúcar en sangre y obtener todo el beneficio de la fibra. Si te encuentras en una estación en la que no hay frutas, pero *realmente* te apetecen mucho, intenta comer unos cuantos arándanos congelados o poner una pequeña cantidad de frutas desecadas –bayas, uvas o cerezas– en la ensalada.

La excepción a la regla de no tomar zumos es la bebida verde para empezar el día. Hay que evitar las que se venden comercialmente. La mayoría no son más que zumos de frutas a los que se les añade un poco de col rizada o de espinacas para colorearlo de verde. Hacer tu propio zumo con hojas de verduras verdes te proporcionará una infusión duradera de vitaminas y micronutrientes, incluyendo los que desactivan los genes de la enfermedad y los que activan los genes de la salud. Hasta que te habitúes al sabor amargo de los zumos verdes, puedes encontrarlo un poco más agradable si añades una pequeña cantidad de bayas, frescas o congeladas.

Durante una dieta de desintoxicación, los aguacates, los frutos secos, las semillas y los huevos (a menos que seas alérgico a ellos) son una buena fuente de proteína, mientras te preparas para la búsqueda de visión. Evita comer carne roja durante la desintoxicación, pero después de eso, a medida que comienzas a mejorar tu aparato digestivo, puedes ingerirla con moderación. El pescado y las carnes rojas son proteínas «plenas» o «completas», lo cual significa que contienen los nueve aminoácidos esenciales.

Ahora bien, no comas cualquier carne. Preferiblemente el tipo de carne más limpio que puedas y mucho mejor si son aves. La de animales a los que se les permite pastar junto a otros animales y que consumen una dieta natural, a base de plantas, tienen una elevada proporción de ácidos grasos omega-3. Limita la ingesta de carne roja a una vez por semana (yo personalmente la he eliminado de mi dieta, sin efectos adversos para mi salud).

En cuanto al pescado, si no es una parte de tu dieta, debería serlo –incluso si no pudiera ser más que enlatado–. Cuando nuestros antepasados abandonaron la sabana africana y se fueron a la costa, incorporaron pescado y moluscos a su alimentación. En todo el mundo, las civilizaciones surgieron alrededor de los océanos, los lagos y los ríos. Los emperadores, los dirigentes y los altos sacerdotes cenaban marisco, moluscos y pescados, mientras que los súbditos que construían las pirámides eran alimentados con trigo y pan. Sin embargo, actualmente el pescado está al alcance de la mayoría de los que viven cerca de aguas ricas en peces, o, si no es así, pueden abrir una lata de sardinas. Cargado del ácido graso fundamental ADH del omega-3, el pescado es un excelente alimento para el cerebro y nos prepara para la experiencia de la Medicina del Espíritu. Evita el pescado de piscifactoría, que está lleno de antibióticos y aditivos para mejorar el color y son alimentados con soja y con cereales que nunca comería estando en libertad. Las variedades más naturales –especialmente el pescado de aguas frías como el salmón de Alaska, las sardinas y los arenques– son bajas en toxinas. Pero recuerda que cuanto más grande sea el pescado, más probable es que esté contaminado con mercurio, así que evita el atún y el pez espada.

Es interesante observar que el aceite de pescado rico en ADH era tan valorado entre los indios del noroeste del

Pacífico que se comerciaba con él como si fuera moneda. La «grasa» o el extracto producido a partir del llamado pez vela era tan rico en aceite que se podía poner una mecha en la boca de uno de los peces secados ¡y ardía como una vela!

ALIMENTOS FERMENTADOS

Fermentar alimentos es una antigua manera de preparar comida que se remonta al menos al 8000 a. de C. y se puede hallar alimentos fermentados en todas las partes del mundo. Basada en el cultivo de bacterias inocuas, la fermentación produce multitud de productos, desde cerveza, vino y sidra hasta pan, queso y vinagre. Los alimentos fermentados proporcionan enzimas y probióticos esenciales que reparan el aparato digestivo y ayudan al cuerpo a liberarse de toxinas, incluso de los pesados metales.

Mis alimentos fermentados favoritos son los pepinillos en vinagre, el chucrut y la sopa de miso. En Internet pueden encontrarse excelentes recetas, así como vídeos acerca de cómo realizar el proceso de cultivo. Si vas a fermentar alimentos tú mismo, asegúrate de seguir cuidadosamente las instrucciones, para no contaminarte con bacterias indeseadas.

Para nuestros antepasados, la fermentación era un modo de conservar los alimentos y maximizar sus beneficios para la salud, utilizando bacterias que aparecen de modo espontáneo para convertir azúcar en ácido lácteo. Sally Fallon y Mary G. Enig, doctoras en Filosofía, de la Fundación Weston A. Price que investigan y difunden información sobre los alimentos altamente nutritivos, explican cómo funciona la fermentación:

> Los almidones y los azúcares de las verduras y las frutas se convierten en ácido láctico a través de las muchas especies de bacterias productoras de este ácido. Los lactobacilos están por todas partes, presentes en la superficie de todos los seres vivos, y son especialmente numerosos en las hojas y las raíces de las plantas que crecen en el suelo o cerca de él. Lo único que necesita hacer el ser humano es aprender las técnicas para controlar y estimular su proliferación con el fin de utilizarlos en su propio beneficio, igual que ha aprendido a utilizar ciertas levaduras para convertir los azúcares del zumo de uva en el alcohol del vino.[15]

ANTIBIÓTICOS, PREBIÓTICOS Y PROBIÓTICOS

Los norteamericanos llevan décadas abusando de los antibióticos. Estos medicamentos causan estragos en el microbioma, y aún así, cada vez resulta más difícil encontrar carne o leche que no hayan sido contaminados con ellos. A los cerdos, los pollos y el ganado en general, se les incluye de manera regular antibióticos en la comida para mantenerlos sanos, al mismo tiempo que se los confina en jaulas abarrotadas, y estos antibióticos terminan en nuestras mesas.

Los prebióticos y los probióticos son fundamentales para mejorar el cerebro. Pueden ayudar a invertir los efectos del uso de los antibióticos, así como a evitar un daño mayor.

Los **PREBIÓTICOS** promueven el crecimiento de flora beneficiosa en el intestino. Las verduras crucíferas se consideran prebióticas porque contienen fibra que alimenta a esa flora, sirviendo de urdimbre para su desarrollo. Para mejorar el cerebro y mantenerlo funcionando óptimamente se necesita consumir mucha fibra de plantas, o fibra en general, ya que acelera el paso de los alimentos por el sistema digestivo, absorbiendo agua, lo cual ablanda las heces, facilitando así la defecación.

Los **PROBIÓTICOS** constituyen la flora saludable que facilita la digestión y protege el estómago contra microbios dañinos. Tomamos algunos probióticos en nuestras interacciones ordinarias con el medio ambiente, ya sea al inhalar el polvo que se levanta del suelo mientras arreglamos el jardín, manoseando a un perro o un gato o simplemente al dar la mano a otra persona. De hecho, hay multitud de maneras de aportar microorganismos saludables al cuerpo, desde manipular frutas y verduras orgánicas antes de quitarles la tierra hasta nadar en un lago o en una corriente cualquiera de agua. Un simple gramo de tierra –más o menos el tamaño de una moneda pequeña– contiene unos cuarenta mil millones de bacterias probióticas. Como parte de la mejora del cerebro para la Medicina del Espíritu, recomiendo ¡pasar más tiempo al aire libre!

Si crees que no obtienes bastantes probióticos en el curso de la vida ordinaria, puedes tomar un suplemento. Lo mejor que he encontrado son los probióticos «inteligentes» que mi amigo microbiólogo Compton Rom Bada ha reunido de las cinco regiones más longevas que hay en el planeta (puede encargarse su ProAlive Probiotic en ascendedhealth.com). Los probióticos biointeligentes de Compton pueden repoblar la flora estomacal en cuestión de semanas, mientras que las fórmulas que contienen flora muerta o inactiva generalmente son mucho más lentas o inefectivas.

SUPLEMENTOS ALIMENTICIOS

Cambiar los hábitos alimentarios constituye una parte fundamental de la recepción de la Medicina del Espíritu y del mantenimiento de sus beneficios. Pero puede no resultar fácil seguir todas las recomendaciones dietéticas, especialmente durante las estaciones del año en las que en tu zona no se hallan productos frescos cultivados localmente. Los suplementos alimenticios pueden ayudarte a entrar en la vía rápida de la desintoxicación, así como a reparar tu sistema digestivo y mantener una dieta favorable para tu cerebro.

En el capítulo anterior he hablado de muchos de estos suplementos, pero solo en el contexto de un programa de desintoxicación de siete días. Ahora los revisitaremos en el papel que pueden desempeñar en tu dieta diaria. Estos suplementos afectan al aparato digestivo y al cerebro de distintos modos, pero todos desempeñan un papel en el modo en que el cerebro y el resto de los órganos de tu organismo se reparan y regeneran. Antes de tomar cualquier suplemento consulta con tu médico y escucha a tu cuerpo. Para cada persona hay una dosis que es ligeramente distinta para cada uno, incluso varía según la estación del año. Presta mucha atención a cómo te sientes y aprende a escuchar los sutiles mensajes de tu cuerpo.

El **ADH** (ácido docosaexaenoico) es un ácido graso omega-3 extraordinariamente importante para la salud cerebral; de hecho, constituye el 40% del cerebro. La leche materna es un 50% ADH. El ADH trabaja conjuntamente con otro ácido graso omega-3, el AEP (ácido eicosapentaenoico). Ambos se hallan en el pescado, los frutos secos, las semillas y algunos aceites. Dado que el cuerpo no fabrica el ADH-AEP, se recomienda tomar tres gramos diarios procedentes de aceite de pescado o de algún derivado de las algas. El mejor ADH procede del camarón. Algunos investigadores han observado una reducción del 85% en el riesgo de padecer alzheimer entre personas con niveles altos de ADH en su dieta.[16]

El **AAL** (ácido alfa-lipoico) se encuentra en todas las células del cuerpo y desempeña un importante papel en la desintoxicación El AAL puede cruzar la barrera sanguínea cerebral, de manera que ayuda a liberar las toxinas del cerebro. En un proceso conocido como quelación, se une a los metales pesados y así estos pueden ser eliminados a través del hígado, los riñones y la piel. El AAL también ayuda al hígado a eliminar toxinas durante la desintoxicación. Se pueden tomar 300 miligramos al día.

La **cúrcuma**, ya mencionada anteriormente, es una especia reconocida como superalimento, aumenta los niveles del SOD (superóxido dismutasa) y del glutation –dos antioxidantes importantes para el funcionamiento del cerebro y que se describen con más detalle en el capítulo 6, «Reiniciar el reloj de la muerte»–. La dosis es de un gramo diario de curcumina, el principio activo de la cúrcuma, en forma de comprimidos, o la mitad de esta dosis si se toma en forma liposómica.

El **trans-resveratrol**, compuesto que se halla en el vino tinto, en la piel de la uva rosada y en algunas bayas, activa los genes de la longevidad y desencadena la producción de antioxidantes. El resveratrol también fomenta el SOD y el glutatión, los superantioxidantes del cerebro. La dosis recomendada es de 500 mg al día.

El **pterostilbeno**, hallado en los arándanos y en la uva, se ha demostrado que disminuye la glucosa y reduce la presión sanguínea. Trabajando juntos, el pterostilbeno y el trans-resveratrol previenen el cáncer, las enfermedades cardíacas, la diabetes y otras afecciones. El trans-resveratrol trabaja corriente arriba, regulando los genes que activan la apoptosis –muerte celular programada o suicidio celular–, mientras que el pterostilbeno trabaja corriente abajo, desactivando los genes que permiten que las células cancerosas crezcan y proliferen. Se recomienda una cápsula de 250 gr de pterostilbeno al día.

La **VITAMINA B_{12}** es fundamental para la desintoxicación del hígado y para reparar la vaina de mielina que hay alrededor de las neuronas. Es necesaria también para preservar la integridad del ADN con vistas a la reproducción de las células y de los neurotransmisores. La mayoría de los norteamericanos padecen una deficiencia de esta vitamina. Debe tomarse 2.000 microgramos a la semana de metilcolabamina B_{12}, una forma más aprovechable por el organismo, de manera sublingual. Durante la desintoxicación de siete días recomiendo una dosis de 2.500 microgramos a la semana.

La **VITAMINA C** es esencial para todos los procesos de desintoxicación. Ha de tomarse 1 gramo diario.

La **VITAMINA D_3** es la forma de vitamina D que el cuerpo fabrica cuando está expuesto a la luz solar. Pero, incluso si pasas mucho tiempo al aire libre, es poco probable que tengas suficiente vitamina D_3. El pescado y los aceites de hígado de pescado son casi sus únicas fuentes dietéticas, aunque las yemas de huevo, el hígado de ternera, la leche enriquecida y el queso contienen pequeñas cantidades. La deficiencia de vitamina D se ha relacionado con la diabetes, la depresión estacional, la demencia y los desórdenes del sistema inmunitario. Los sujetos que toman 600 unidades internacionales o más de vitamina D_3 muestran un 50% menos de demencia y alzheimer que los grupos de control.[17] La dosis varía mucho, pero en una revisión de la investigación actual, el experto en vitamina D, Michael Holick, doctor en medicina, indica dosis terapéuticas para adultos que van desde 800 o 1.000 UI al día hasta 10.000, durante un máximo de cinco meses.[18]

El **S-ACETIL-GLUTATIÓN** es la primera forma realmente biodisponible de glutatión que rescata radicales libres. Protege el ADN, evitando que sea dañado, y es fundamental para el metabolismo energético y el funcionamiento mitocondrial óptimo.[19] También ayuda en la desintoxicación del hígado, los pulmones, los riñones y otros órganos.[20] Debe tomarse 200 mg al día.

El **ACEITE DE COCO**, aunque no es un suplemento alimenticio, constituye un excelente alimento para el cerebro. Es un triglicérido de cadena media, lo que significa que atraviesa la pared intestinal sin provocar una subida de insulina y llega a las mitocondrias del interior de las células. Hay que tomar dos cucharadas diarias –una por la mañana y otra a media tarde o por la noche–. También se puede añadir aceite de coco a la sopa y al té.

Los suplementos alimenticios son medicinas poderosas y deben utilizarse con precaución. Ingerimos ya demasiadas vitaminas y minerales que le resultan difíciles de absorber al aparato digestivo. Consulta la guía de la página 100, en el capítulo 4, para el uso de suplementos que colaboren en la desintoxicación natural del cuerpo.

Tercera parte

VENCER A LA MUERTE QUE NOS ACECHA

Capítulo 6

REINICIAR EL RELOJ DE LA MUERTE

No hay mayor error que intentar franquear un abismo en dos saltos.
David Lloyd George,
primer ministro británico

La biología nos programa para la reproducción, no para la longevidad. La madre naturaleza quiere que procreemos, para que la humanidad no se vea amenazada por la extinción. De modo que, mientras la inmortalidad pertenece a la especie, la muerte reclama al individuo. Alrededor de los treinta y cinco años, algunos sistemas corporales comienzan a declinar. Dejamos de producir hormonas del crecimiento, que crean músculo, mantienen la piel joven y elástica y eliminan radicales libres «carroñeros». Comienzan a aparecer arrugas, no nos curamos tan pronto como sucedía antes y nuestra idea de una salida nocturna quiere decir estar en la cama a las once de la noche.

Elegido para una supervivencia a corto plazo –a veces hasta el punto de comprometer nuestra salud en los años siguientes–, el cuerpo realiza una especie de tría, explica Bruce Ames, doctor en filosofía, director del Centro para Nutrición y Metabolismo del Instituto de Investigación del Hospital Infantil de Oakland, en California. Las vitaminas y los minerales son utilizados, en primer lugar, por las proteínas necesarias para la supervivencia inmediata y la reproducción, a expensas de las proteínas de la longevidad, como SIRT1, que defienden de las enfermedades del envejecimiento y son esenciales para la salud a largo plazo. Como consecuencia, un amplio porcentaje de la población mundial, incluyendo los habitantes de Estados Unidos y Europa, son deficientes en uno o más de los minerales o las vitaminas esenciales. Entre las personas con menos recursos, la deficiencia se debe, en gran medida, a la malnutrición, y entre las acomodadas, a la mala absorción de los nutrientes por un aparato digestivo dañado. El hígado normalmente almacena el equivalente necesario para unos cuantos años de vitamina B_{12}, pero si no se es capaz de absorberla a partir de los alimentos, pronto se carecerá de esta vitamina esencial.

Los pueblos indígenas comprenden el *adagio* universal que afirma que la juventud se echa a perder en los jóvenes. Valoran la sabiduría de la edad tanto como la belleza y las hazañas de fuerza y resistencia de los adolescentes. Para ellos, la sabiduría se conserva no solo en los libros, sino también en la memoria colectiva de los ancianos. Y los honran por la guía que proporcionan. Del mismo modo que nosotros protegemos nuestras bibliotecas universitarias, los pueblos indígenas protegen a los receptáculos vivientes del conocimiento. Sin ser capaces de explicar la bioquímica, los chamanes de la Amazonia hallaron modos de activar las proteínas de la longevidad y de reparar los genes de la longevidad dañados por el estrés y las necesidades de supervivencia a corto plazo. Descubrieron plantas que eliminan las toxinas y los desechos del interior de las células y reparan las mitocondrias, los centros de poder que convierten la energía de los alimentos en una forma que pueda ser utilizada por las células. La estimulación del sistema de la longevidad comienza con la reparación de las mitocondrias.

Nuestros antepasados paleolíticos no tenían ni idea, desde luego, de lo que eran las mitocondrias. Simplemente se referían a aquello que prevenía la vejez y el declive como «la fuerza vital femenina». Actualmente, la ciencia ofrece una explicación menos mística de esta fuerza vital. Las mitocondrias son pequeños orgánulos, a modo de cordones, en las células, que convierten los carbohidratos en energía mediante el proceso conocido como metabolismo. Hay varias teorías; una de ellas versa sobre cómo se convirtieron en las centrales de las células humanas. Una versión sostiene que las mitocondrias evolucionaron a partir de los primeros microorganismos terrestres que respiraban oxígeno. Hace miles de millones de años, las primeras bacterias se alimentaban las unas de las otras y de los abundantes elementos químicos que había en la sopa primordial de los océanos de la Tierra. A medida que las provisiones de alimentos escaseaban, fueron apareciendo las primeras algas de color azul verdoso y descubrieron una nueva fuente de alimento, el sol, y un modo de convertir la luz solar en combustible. Esto supuso un avance monumental –el proceso que conocemos como fotosíntesis–. Con eso había comida abundante para todos los organismos que pudieran alimentarse directamente de la luz solar. Pero la vida vegetal originó también, como subproducto, un gas altamente venenoso: el oxígeno. La mayor parte del oxígeno libre en la atmósfera fue absorbido por las rocas, y una vez saturadas, los niveles de oxígeno crecieron a una velocidad progresiva. Dado que la mayoría de las formas de vida en esa época no lo respiraban, esto provocó una extinción global. Hubo una excepción: las mitocondrias, los primeros respiradores de oxígeno, que se convirtieron en la forma de vida con más éxito del planeta.

A medida que fueron apareciendo organismos multicelulares, las mitocondrias se introdujeron en los cuerpos de plantas y animales, disfrutando de una relación simbiótica armoniosa con las células de sus huéspedes, hasta que finalmente se establecieron *dentro* de ellas. A cambio de un entorno cálido y seguro, les ofrecieron combustible a las células.

Las mitocondrias tienen su propio ADN, distinto del nuestro –mientras que la estructura de nuestro ADN es una doble hélice, el suyo se parece a un collar de perlas–. Nosotros tenemos más de veinticuatro mil genes. Las mitocondrias, solo treinta y ocho. Pero ¡qué importantes son esos treinta y ocho genes! Las mitocondrias son no solo las fábricas de combustible corporal –metabolizan oxígeno para producir el combustible para la vida–, sino que son también las guardianas del reloj de la muerte del cuerpo –controlan el proceso de suicidio de las células, o muerte celular programada, conocido como apoptosis–. Cuando el reloj de la muerte funciona correctamente, las células viejas saben con exactitud cuándo necesitan morir para ser sustituidas por otras células nuevas, más sanas. Pero cuando el reloj de la muerte está apagado, las células desconocen cuándo tienen que morir, y el resultado es el cáncer. O mueren demasiado rápidamente, y la consecuencia es un envejecimiento acelerado.

EL COMBUSTIBLE DE LA VIDA

El ADN mitocondrial se transmite a través de los genes de la madre. De modo que las mitocondrias representan literalmente la fuerza vital femenina reconocida por los antiguos y que pasa de generación en generación. Igual que hace millones de años las células prosperaron como consecuencia de cooperar con las mitocondrias, hoy en día los cuerpos humanos pueden prosperar si reparamos y alimentamos esta fuerza femenina. Las mitocondrias no solamente tienen la llave de nuestra salud, sino que también proporcionan el combustible que necesitamos para acceder a las redes neuronales superiores que nos ayudan a experimentar la Medicina del Espíritu.

Este combustible es el adenosín trifosfato (ATP). El ATP es la moneda de cambio del organismo: las células gastan lo que necesitan y depositan el resto en el banco, el hígado, donde se almacena hasta que se necesita para potenciar varias funciones corporales.

Para producir el ATP las mitocondrias consumen oxígeno, de manera muy parecida a como los coches queman oxígeno para liberar la energía que hay en la gasolina, aunque de forma mucho menos explosiva. Al inhalar oxígeno, se transporta a través del torrente sanguíneo a las mitocondrias de las células por todo el cuerpo, donde convierten la energía de los alimentos que comemos en ATP.

Sin mitocondrias sanas, con un alto funcionamiento, las células están en peligro. Unas doscientas dolencias de las que sufrimos actualmente –desde el cáncer, las enfermedades cardíacas, la fibromialgia y la fatiga crónica hasta el párkinson, la demencia, la cirrosis y los dolores de cabeza de tipo migraña– se han relacionado con un fallo en las mitocondrias. Estas resultan muy fácilmente dañadas por las toxinas, incluyendo los productos farmacéuticos. Revisando la investigación reciente, el naturópata John Neustadt y el psiquiatra Steve Pieczenick hallaron que:

> Los medicamentos se han convertido ya en una de las causas principales del daño mitocondrial, que puede explicar muchos efectos adversos. Se ha documentado que todas las clases de drogas psicotrópicas dañan las mitocondrias, como lo hacen los fármacos con estatinas, los analgésicos como el acetaminofén y muchos otros.[21]

Las mitocondrias dañadas se reproducen más rápidamente que las saludables y se alimentan solo de azúcares, a diferencia de las sanas, que se pueden alimentar también de grasas. Puesto que las células cancerosas, con sus mitocondrias defectuosas, se alimentan de azúcar, los científicos consideran la eliminación o reducción de hidratos de carbono como un medio efectivo de combatir y prevenir el cáncer.[22]

Cuando las mitocondrias están dañadas, el organismo se enlentece. El cuerpo ya no recuerda cómo quemar las grasas y no se puede perder peso. Sus almacenes de grasas se convierten en recipientes de toxinas. Probablemente, uno se sentirá cansado, sin fuerzas y con un malestar general. Con grandes descensos de energía, es más fácil lanzarse a por un estabilizador rápido, como una barrita energetizante, lo cual no hace más que agravar el problema al alimentar a las bacterias hambrientas de azúcar del aparato digestivo y al elevar los niveles de azúcar en sangre. Como consecuencia se produce una inflamación, el estrés oxidativo empeora y más mitocondrias resultan dañadas. En cuanto la muerte celular programada deja de funcionar adecuadamente, las mitocondrias se acumulan dentro de las células y aceleran el envejecimiento. Las células dañadas crecen incontroladamente, formando tumores. Las células del cerebro comienzan a envejecer o a morir, dañando zonas cerebrales. Cuando el reloj de la muerte por apoptosis no funciona correctamente, se pone en juego la salud e incluso la duración de la vida.

AUTOFAGIA O EL RECICLAJE DE LAS MITOCONDRIAS

Eliminar las mitocondrias enfermas y favorecer el nacimiento de mitocondrias vibrantes, potentes, es crucial para la reparación cerebral. La autofagia, que procede del griego y significa «comerse a sí mismo», constituye el servicio de recogida de basura en el interior de las células, el proceso a través del cual se elimina el desecho celular y las mitocondrias muertas y las dañadas se reciclan para cosechar aminoácidos, los tabiques de las nuevas células.

El ejercicio aeróbico desencadena la autofagia, ya que consume oxígeno, el cual mata las mitocondrias débiles, al mismo tiempo que alimenta el crecimiento de sustitutas más vigorosas. La desintoxicación es otro modo de iniciar con intensidad el reciclado de mitocondrias. Y una dieta alta en fitonutrientes pone en marcha la maquinaria antioxidante del interior de las células, que repara las mitocondrias.

La manera más efectiva y menos dolorosa de facilitar la autofagia es mediante el ayuno. Incluso un ayuno corto, entre la cena y el desayuno del día siguiente, hace que el cuerpo se ponga en «modo reparación». El ayuno hace entrar al cuerpo en cetosis –el cambio por el que las mitocondrias pasan de alimentarse de glucosa a alimentarse de grasas almacenadas–. Al evolucionar fuimos capaces de almacenar grasas que pudiéramos consumir más tarde: nuestros antepasados tenían que comer cuando podían, y luego esperar hasta el próximo pez que pudieran capturar o la próxima recogida de fruta, según la estación del año. La capacidad del cuerpo para cambiar al proceso de quemar grasa nos proporcionó una cierta ventaja cuando tocó sobrevivir en inviernos crudos en los que la comida escaseaba. Pero las mitocondrias no pueden realizar el cambio si estamos continuamente comiendo cereales y azúcares, los cuales mantienen el sistema de la insulina en funcionamiento. Tenemos que parar este sistema para que las mitocondrias del cerebro puedan cambiar su fuente de combustible a las grasas. Cuando el cuerpo pasa de ser una máquina de quemar carbohidratos a una que quema grasas, la neblina cerebral se levanta y se puede perder peso.

El consumo de grasas saludables, como aguacates, aceite de coco y aceite de oliva, estimula el cerebro y el corazón en forma de cuerpos cetónicos –moléculas que el hígado produce a partir de ácidos grasos cuando tenemos que quemar grasas en lugar de glucosa–. Las cetonas constituyen un combustible mucho más eficiente que los azúcares.[23] Pero en cuanto se ingieren carbohidratos y el sistema de la insulina se acelera, las mitocondrias tratan el azúcar como primera opción, se llenan y se olvidan del resto de la comida. Cualquier azúcar extra tiene que ir a alguna parte, de modo que el páncreas produce insulina para transportarla a las células que puedan utilizarla. Sin embargo, si las células ya están llenas de glucosa, rechazarán la entrega, como si apartasen un postre. Como no es cuestión de dejar que ese delicioso pastel de chocolate se desperdicie, el cuerpo hará que la glucosa se almacene en forma de grasa. Dado que ya no se es capaz de apagar el sistema insulínico y encender la máquina que quema grasas, los restos y los desechos se acumulan en las células, creando una gran confusión en las mitocondrias.

Una vez se hace crónico el azúcar elevado en sangre, tenemos una condición prediabética. Incapaces de absorber más azúcar, las células reducen el número de receptores de insulina en sus membranas, dando como resultado una resistencia a la insulina. El problema es que el páncreas, registrando un aumento de los niveles de azúcar en sangre, continúa bombeando más insulina. La inflamación y el daño celular están asegurados.

Si se está consumiendo grandes cantidades de hidratos de carbono, engordando alrededor de la barriga, experimentando estados de ánimo volubles y embotamiento en el cerebro asociado con fluctuaciones del azúcar en sangre, se está ya en camino hacia ser resistente a la insulina y dañar las mitocondrias. Reduciendo los azúcares y los cereales y cambiando a una dieta cetogénica –alta en alimentos vegetales y grasas sanas y baja en carbohidratos– se deja de presionar al páncreas para que vaya a toda marcha y por ello se aquieta también el sistema insulínico. La autofagia se pone en marcha y comienza a notarse el efecto. Las toxinas almacenadas en las células pueden excretarse. Las mitocondrias muertas pueden reciclarse para la construcción de nuevos tabiques. El sistema vuelve a funcionar como se supone que debe hacerlo.

Cuando el sistema comienza a funcionar mal, se comporta como una ciudad en la que los basureros están en huelga. Primero, la basura se acumula en la cocina, luego en los contenedores de la calle y finalmente en la calle misma. Recuerdo una noche que paseaba por Nueva York y podía verse la basura en bolsas de plástico amontonadas por todas partes. Al amanecer todo había desaparecido, pero ¿qué habría sucedido si los camiones de la basura no hubiesen pasado? Cuando no apagamos el sistema insulínico, no hay recogida de basura en las células. Las toxinas se acumulan, dañando las mitocondrias, las cuales son incapaces de quemar el combustible de manera limpia y producen grandes cantidades de radicales libres que las dañan todavía más.

Ayunamos cada noche mientras dormimos. Pero ayunar preparándonos para recibir la Medicina del Espíritu deja un tiempo entre la cena y el desayuno de modo que no tengas encendido el sistema insulínico más de ocho horas al día.

Ahora bien, en general, no hay necesidad de ayunar de azúcares y carbohidratos, incluyendo las frutas, durante más de dieciocho horas seguidas. La reparación del cerebro sucede rápidamente y el embotamiento cerebral comienza a desaparecer. Incluso durante el Ramadán, el período de un mes de duración de ayuno, que es una de las prácticas más sagradas del islam, los musulmanes ayunan solo desde el amanecer hasta la puesta del sol cada día. Mientras se beba mucha agua y uno se abstenga de realizar ejercicio intenso, se puede descubrir que no necesariamente se tiene que experimentar retortijones de hambre, y si sucede son tan ligeros que no resultan molestos.

Los retortijones de hambre son buenos: se trata de un indicador de que se está cambiando del sistema de la glucosa al sistema cetogénico y el cerebro está comenzando a quemar grasas. Pero tu cerebro límbico, que funciona fundamentalmente mediante azúcares, puede tratar de convencerte de que morirás si no comes un dónut glaseado inmediatamente. No se lo des. Limítate a observar sus maquinaciones, sabiendo que, de hecho, tu cuerpo tiene suficientes reservas de combustible como para pasar cuarenta días más sin comer –¡aunque no lo recomiendo!

REDUCIR EL ESTRÉS OXIDATIVO Y LA ACTIVIDAD DE LOS RADICALES LIBRES

Las mitocondrias utilizan oxígeno para quemar la glucosa y grasas para producir energía y dar fuerzas a tu cuerpo. Pero como ese viejo coche que tenías, que quemaba el aceite y expulsaba nubes de humo negro por el tubo de escape, cuando el metabolismo no es eficiente –cuando no quema de manera limpia–, produce derivados peligrosos, llamados radicales libres. Los radicales libres, si recuerdas, son átomos de oxígeno que han perdido un electrón y se han vuelto inestables. Para estabilizarse roban un electrón de moléculas que haya cerca, las cuales, a su vez, se convierten en radicales libres. La carga total colocada sobre el cuerpo, por esa actividad de los radicales libres, se denomina estrés oxidativo. Una cierta cantidad de producción de radicales libres es normal, e incluso necesaria, pero cuando el estrés oxidativo llega a ser excesivo y quedan dañadas demasiadas células, eso acelera el envejecimiento y conduce a la enfermedad.

Las toxinas medioambientales empeoran la situación, ya que dañan las mitocondrias. Los más peligrosos son los pesticidas, que funcionan destrozando las mitocondrias de las especies invasivas y están diseñados para quedar pegados a las plantas y no ser eliminados fácilmente por el agua de la lluvia. Las mitocondrias dañadas producen más radicales libres que las sanas. Y luego los radicales libres dañan las grasas, las proteínas e incluso el ADN de los núcleos de nuestras células. El estrés oxidativo es un círculo vicioso.

Una dieta alta en azúcares y cereales refinados aumenta la producción de radicales libres. Puedes ver ahora por qué la pasta, las patatas fritas, los cereales y los pasteles de chocolate pueden ser mortales. Cuanto más estrés oxidativo tenga tu cuerpo, más antioxidantes necesitarás para reducir el daño de los radicales libres.

Se pueden obtener antioxidantes a partir de alimentos como las bayas, pero necesitarías comer unos cuarenta kilos de arándanos al día para neutralizar los miles de millones de radicales libres que circulan por tu cuerpo. Afortunadamente, el propio organismo produce antioxidantes, y consumir vegetales, como las verduras crucíferas, apoyará la capacidad natural que tienen las células de producir poderosos antioxidantes endógenos. Cuando eliminas las comidas que te envenenan y comes de una manera sana, alimentos orgánicos a ser posible, reduces la oxidación y la inflamación que son los principales factores estresantes de tu aparato digestivo y tu cerebro.

LA INFLAMACIÓN

La inflamación localizada es una respuesta inmunitaria natural y saludable. Cuando uno se cae y se hace un arañazo, las células sanguíneas liberan plasma y leucocitos en la zona dañada, atrapando materia extraña, como bacterias, de modo que puedan neutralizarse y excretarse. Pero la inflamación crónica perturba el equilibrio bioquímico del cuerpo y el sistema inmunitario comienza a atacar a las células y los tejidos sanos, al confundirlos con invasores extraños. Esto puede provocar enfermedades del corazón y desórdenes autoinmunes, como artritis reumatoide, diabetes y esclerosis múltiple. En el cerebro, la inflamación crónica daña estructuras fundamentales, incluyendo el hipocampo, lo cual lleva a enfermedades como el párkinson o el alzheimer o a trastornos como el TDAH.

REPARAR EL HIPOCAMPO Y LAS REDES NEURALES

Reducir el estrés oxidativo y la inflamación repara el hipocampo. Con la forma de un caballito de mar –*hippos* en griego significa «caballo»–, el hipocampo funciona con la amígdala para modular las respuestas emocionales como la ira y el miedo.

El hipocampo es también la región del cerebro asociada con el aprendizaje; desde tocar un instrumento musical hasta aprender a comer de manera sana y que haga posible una cierta longevidad requieren la participación del hipocampo. Así pues, cuando este resulta dañado, el aprendizaje se detiene y la curiosidad y el entusiasmo por la vida se diluyen.

El hipocampo está implicado también en la memoria y su daño puede perjudicar la memoria a corto plazo, aunque deje intacta la memoria a largo plazo. Esto puede explicar por qué las personas que padecen demencia son capaces de recordar sucesos acaecidos hace muchos años y sin embargo olvidar por completo lo que ocurrió hace dos semanas, o incluso hace diez minutos.

El hipocampo no tiene noción del tiempo, por eso muchas veces confunde algo ocurrido hoy con algo parecido que sucedió hace veinte años. Esa nueva persona que acabamos de conocer puede desencadenar memorias de un amante anterior, de hace años. Y ahí es donde el diálogo termina. Y el hipocampo está relacionado no solo con los sucesos pasados, sino también con los antiguos comportamientos, los pensamientos muy manoseados y los sentimientos desgastados. Cuando está dañado seguimos experimentando las mismas situaciones dolorosas, los mismos estados de ánimo y sentimientos fastidiosos, una y otra vez.

Hace unos años, un amigo me invitó a su boda. Era su quinta ceremonia matrimonial. Cuando se lo recordé, me dijo que esa vez era diferente. Mi amigo estaba intentando reparar su hipocampo mediante una boda más –un modo no muy práctico de componer el cerebro–. Le expliqué que tenía que dejar de buscar la compañera adecuada y empezar a trabajar en *convertirse en* el compañero adecuado. No se alegró mucho ante mi consejo. Seis meses después de la boda, me llamó y me contó que su matrimonio había terminado –y estaba enfadado conmigo por haberle permitido casarse con una persona tan cruel y desconsiderada–. Le recordé lo que dijo una vez el erudito y especialista en mitos Joseph Campbell: si no aprendes una lección, terminas casándote con ella. Le dije a mi amigo que a menos que reparase su hipocampo seguiría buscando –y encontrando– el mismo tipo de compañera.

Cuando el hipocampo está dañado, envía mensajes a la amígdala advirtiéndole de que el mundo es peligroso y que podríamos estar en situación de riesgo. Y nosotros respondemos con reflejos de supervivencia que convierten todo lo que hay a nuestro alrededor en una situación amenazante. Cuando el hipocampo está sanado, comenzamos a ver como oportunidades lo que antes veíamos como un peligro. Tengo un paciente que ha hecho fortuna en el mercado de valores invirtiendo en compañías que todo el mundo creía condenadas al fracaso.

El hipocampo se cura aumentando el nivel de serotonina y la producción de células madre en el cerebro. Hace un par de décadas creíamos que el cerebro no podía producir neuronas nuevas. Actualmente sabemos que es capaz de generar nuevas células madre en un tiempo tan breve como mes y medio, tejiendo nuevas redes neuronales y aprendiendo nuevas maneras de ver la vida. Tú puedes cambiar tu vida cambiando tu cerebro, estimulando la producción del FNDC, en lugar de intentar hacerlo con otra mujer, consiguiendo un trabajo nuevo o mandando a tus hijos a un internado. Ahora bien, para cambiar tu cerebro, necesitarás contrarrestar su tendencia a seguir sus programas, bien establecidos desde hace tiempo, referentes al miedo, la agresividad, la actitud defensiva y otras emociones tóxicas.

Del mismo modo que actualizar el sistema operativo de tu ordenador te permite instalar programas y aplicaciones nuevos y más potentes, mejorar tu cerebro con una manera de pensar nueva, más constructiva, puede optimizar tu salud y tu bienestar emocional. Alimentar tu cerebro con nutrientes y con actividades que proporcionen una salud óptima te ayudará también a evitar las enfermedades del envejecimiento y de la forma moderna de vivir. Cuando te vuelves olvidadizo o tienes problemas para concentrarte, puedes estar tentado a reírte del aturdimiento propio de un «momento de vejez», mientras secretamente cultivas el miedo al alzheimer o a la demencia, que afectan a más de la mitad de los octogenarios. La idea de que la mente se está deteriorando con la edad es terrible, pero la vejez no tiene por qué incluir la pérdida de la función cerebral. Las enfermedades características del envejecimiento en Occidente, incluyendo las cardiovasculares, el alzheimer, el párkinson y la demencia, se pueden prevenir en gran medida. La prevención comienza con la reparación del hipocampo y el desarrollo de nuevas células cerebrales, junto con una dieta que proporcione combustible al cerebro a partir de grasas adecuadas.

FOMENTAR LA SALUD DEL CEREBRO CON FNDC, GLUTATIÓN Y SOD

Puede que nuestros antepasados paleolíticos no supieran nada de bioquímica cerebral, pero entendían de plantas que podían activar la capacidad que tiene el cuerpo de repararse a sí mismo. Ahora los investigadores han descubierto tres enzimas y proteínas claves que lo reparan. Todavía más asombroso es el hecho de que estimulen la capacidad que tiene el organismo de producir células madre y por tanto realmente ayuden al desarrollo de un cuerpo nuevo y más sano.

Una enzima que he mencionado ya es el FNDC, que estimula el desarrollo de nuevas células cerebrales y resulta fundamental para reparar y reconfigurar el cerebro, de modo que otros modos de pensar, percibir y responder emerjan espontáneamente. ¿Cuándo fue la última vez que te enamoraste de nuevo de tu pareja? El FNDC actualiza tu cerebro para que puedas experimentar el reencantamiento de tu vida y de tu mundo.

Una producción inadecuada de FNDC se asocia con el alzheimer, la demencia y la depresión. Las toxinas, el estrés, la falta de ejercicio, una dieta azucarada, todo ello reduce los niveles de FNDC. Si no se obtiene suficiente omega-3 de los alimentos –especialmente del pescado o aceites de pescado–, tomar suplementos de estos ácidos grasos es fundamental para aumentar los niveles de FNDC y promover la producción de células madre nerviosas.

Ayunar toda la noche y luego romper el ayuno con grasas y proteínas, más que con carbohidratos, incrementará tu FNDC. Pero, para fomentarlo más, podrías considerar hacer un ayuno de un día cada tres o cuatro semanas. El ejercicio es otro modo de aumentar los niveles de FNDC, pero asegúrate de elegir una forma de ejercicio con la que disfrutes; la investigación muestra que el que te gusta es mejor para generar FNDC que otro que practicas solo porque sabes que deberías hacerlo.

El **glutatión** es otra enzima, antioxidante y antiinflamatoria. En calidad de agente desintoxicador, hace las funciones de un cepillo limpiapelusas, recogiendo las toxinas del cuerpo y transportándolas hasta el hígado para ser procesadas. El glutatión estimula la inmunidad y ayuda a formar y mantener los músculos.

Niveles reducidos de glutatión aumentan el daño que los radicales libres infligen a las mitocondrias, las cuales pasan a producir menos energía y son incapaces de regular los relojes de la muerte celular. Alimentos como la col rizada, las espinacas, los aguacates y la calabaza aumentan la capacidad que tiene el cuerpo de fabricar glutatión. Sin embargo, mucha gente, entre la que me incluyo, carece del gen GSTM1, que es necesario para fabricar esta enzima, y a casi la mitad de la población mundial le falta uno o más de los genes necesarios para producir suficiente. Entre los enfermos críticos, el porcentaje es incluso superior: una mayoría de las personas con enfermedades crónicas tienen niveles insignificantes de glutatión. Dado que el cuerpo no puede utilizar el glutatión en forma de suplemento –resulta fácilmente destruido en el aparato digestivo–, recomiendo la forma oral de S-acetil-glutatión, que atraviesa el aparato digestivo y llega a la corriente sanguínea. Yo lo tomo dos veces a la semana como suplemento y lo encuentro muy efectivo.

El **SOD**, super-óxido dismutasa, es el antioxidante definitivo, una enzima que neutraliza los radicales libres en una proporción de un millón a uno –una sola molécula de SOD mata un millón de radicales libres–. Las vitaminas C y E también se consideran grandes antioxidantes, pero su proporción mortífera es de uno a uno. Puesto que hay millones de radicales libres en el cuerpo –demasiados para una sola píldora vitamínica–, necesitamos la potencia ígnea del SOD para reducir de manera efectiva el daño producido por el estrés oxidativo.

Niveles bajos de SOD desempeñan un papel en la arterioesclerosis –el endurecimiento de las arterias asociado con el envejecimiento– y en la descomposición del colágeno en la piel envejecida. Nuestros cuerpos producen SOD de manera natural, y también puede hallarse en algunos alimentos, pero hacer marcha atrás después de una vida de ataques de radicales libres al haber estado expuesto a pesticidas y toxinas medioambientales exige una intervención mayor. Se puede mejorar la capacidad que tiene el cuerpo de fabricar SOD tomando suplementos de trans-resveratrol y cúrcuma o añadiendo alimentos ricos en pterostilbeno –por ejemplo, comiendo más arándanos y uvas– o tomando un suplemento de pterostilbeno (para más información sobre suplementos, consulta el capítulo 5, «Superalimentos y supersuplementos»).

Si bien aumentar el FNDC, el glutatión y el SOD pueden reparar las mitocondrias y prevenir los estragos de las enfermedades de la vejez, para el chamán son importantes por otra razón: aumentan la capacidad del cerebro para experimentar la Medicina del Espíritu. La experiencia del Espíritu te permite crear una salud psicosomática y soñar y traer tu mundo a la existencia de una manera poderosa y creativa.

Capítulo 7

LIBERARSE DE LOS FACTORES ESTRESANTES

Los principales avances de la civilización son procesos que destrozan las sociedades en las que ocurren.
Alfred North Whitehead

Hace años, mi mentor Don Jicaram me dijo que para aprender la sabiduría de la selva tropical tendría que pasar una noche solo en la jungla, junto a un afluente del río Amazonas. Me dejó en una playa lejana, justo cuando el sol se estaba poniendo. Era un momento hermoso –una playa de arena blanca rodeada de enormes árboles, llamados *shiwawacos*–. En la otra orilla del río, papagayos y macacos se alimentaban lamiendo arcilla natural, para obtener así los minerales que constituyen parte de sus comidas matutina y vespertina. El ocaso lanzaba sus pálidos rayos sobre la arcilla ocre, iluminando las plumas rojas y azules de los pájaros. Y de repente, como ocurre en la selva tropical, oscureció.

Hurgué en mi mochila y descubrí que el anciano se había llevado el encendedor y las cerillas que siempre llevo para tales ocasiones. Intenté decirme a mí mismo que estaba en el Edén, para convencerme de ello, que había mucha belleza a mi alrededor y que estaba seguro y a salvo. Pero, al caer la noche, la plena conciencia de encontrarme solo en la oscura jungla me golpeó y sentí pavor. El simple ruido de una ramita o el crujido de unas hojas me alarmaban. Estaba seguro de que un jaguar acechaba y en cualquier momento saltaría y clavaría sus dientes en mí. Más tarde llegó la mañana y todo volvió a parecerme bien, incluso después de ver las huellas recientes del jaguar en la arena. Tuve que pasar mucho más tiempo en la selva para comprender que podía estar a salvo allí incluso con muy pocas provisiones. Aprendí a no ser presa para los jaguares.

Nos convertimos en presas para los jaguares y otros, animales o no, que nos devorarán al oler nuestro miedo. Un jaguar puede seguir tu rastro, olfateando, desde varios kilómetros de distancia, igual que un atracador en el centro de la ciudad puede escogerte como su víctima con un agudo sentido para detectar qué personas son blancos fáciles. El miedo genera una cascada de sustancias químicas que literalmente hace que tu olor cambie al de un animal cazado. Tu estado emocional proyecta el mundo como depredador y te concentras en la autoprotección. ¿Estoy a salvo? ¿Tengo bastante amor, o dinero o lo que sea que necesite para sentirme seguro?». El miedo te mantiene en un estado de hiperalerta crónico que puede convertirte en una víctima –o en la cena de alguien.

Nuestras emociones pueden hacer que enfermemos. Los chamanes comprenden que la mayor parte de nuestros problemas están producidos por nuestras emociones no sanadas. Las emociones son antiguos programas de supervivencia codificados en el cerebro límbico, y cuando las tóxicas dominan nuestro pensamiento y nuestro sistema nervioso, nos ponemos en peligro. Para dejar de ser víctima de tus circunstancias y convertirte en un héroe que emprende un viaje épico de descubrimiento, necesitarás sanar tus emociones. Pero no es preciso salir de tu camino para hallar oportunidades de sanar. La vida está llena de retos y de situaciones estresantes que te permitirán reconfigurar los senderos neurales de tu cerebro, transformando las emociones tóxicas, como el miedo y la ira, en sentimientos positivos como la compasión y el amor.

Los chamanes distinguen entre emociones tóxicas, que pueden degenerarnos y envenenarnos, y sentimientos, que son momentáneos y transitorios. Uno puede tener un sentimiento ocasional de ira hacia su hijo o su mujer, un estallido espontáneo que envía una corriente de sustancias químicas a la sangre y al cerebro, pero el sentimiento pasa pronto y vuelve la ecuanimidad. Por el contrario, las emociones tóxicas pueden permanecer en el cuerpo y el sistema límbico durante horas, días o años. El científico del cerebro, Jill Bolte Taylor, describe la diferencia entre sentimiento y emoción en *My Stroke of Insight: A Brain's Scientist Personal Journey*:

> En noventa segundos desde que se produjo mi estallido inicial, el componente químico de mi ira se había disipado completamente de mi sangre y mi respuesta automática había cesado. Ahora bien, si sigo rabioso después de que hayan pasado esos noventa segundos, es porque he *elegido* permitir

que ese circuito siga funcionando. En cada instante hago la elección de quedar enganchado en mi sistema de circuitos neurales o volver al momento presente.[24]

El miedo es una de las emociones más mortíferas. Nos ciega a las oportunidades que tenemos ante nosotros. El terror no ve salida. El miedo desencadena el sistema «luchar o huir», conocido como eje HPA, que consta del hipotálamo y la glándula pituitaria, estructuras cerebrales del tamaño de un guisante, y las glándulas adrenales, que se asientan sobre los riñones. Al percibir un peligro, imaginario o real, el cerebro lanza una respuesta de angustia al eje HPA, reduciendo el flujo sanguíneo que llega al córtex prefrontal, la parte del cerebro que puede ver las distintas posibilidades.

En el mundo hay peligros reales. Pero tú puedes elegir cómo responder a ellos. Para dejar de ser una presa, hace falta que abandones las creencias que refuerzan tu visión del mundo como depredador. Una vez has comprendido que son tus creencias las que causan el estrés y no las personas o las situaciones «exteriores», podrás vivir en armonía con el mundo que te rodea en lugar de sentirte como si estuvieras atrapado para siempre en una zona de combate.

El estrés emocional que experimentamos en la vida cotidiana a menudo es el resultado de nuestras creencias limitadoras y de una respuesta sobreactiva del sistema «luchar o huir».

CREENCIAS LIMITADORAS

Nuestros presupuestos acerca del mundo pueden causarnos estrés emocional de modos de los que no somos conscientes. Las creencias limitadoras no tienen nada que ver con el coeficiente intelectual ni con la educación, sino con nuestras experiencias en los primeros años de la vida, las cuales configuran nuestra visión del mundo, que las redes neuronales del cerebro, siempre eficientes aunque inconscientes, interpretan como la realidad. A veces da la impresión de que cuanto más experto e ilustrado se es, más probable resulta que uno quede cegado por sus creencias. Antes de que Estados Unidos invadiese Irak, dieron fe de que Sadam Husein estaba almacenando armas de destrucción masiva; más tarde, desde luego, no se encontró ningún arma de ese tipo. Los «hechos» presentados al pueblo estadounidense eran falsos. Los expertos que testimoniaron ante el Congreso no estaban mintiendo; simplemente estaban convencidos de que se hallaban en posesión de la verdad.

Al formarnos una opinión, damos peso a los hechos que encajan con nuestras creencias y desechamos fácilmente aquellos que no lo hacen. La sociedad occidental favorece la ciencia y la razón por encima de la intuición, rara vez uniendo ambos modos de conocer para obtener una perspectiva más amplia. Cuando hablo con personas que tienen una formación médica, siempre quieren conocer la investigación científica que apoya mis afirmaciones sobre la salud, incluso cuando instintivamente saben que lo que estoy diciendo es cierto. Esa es una de las razones por las que he incluido tanta ciencia en un libro sobre medicina chamánica antigua: queremos ver artículos de investigación publicados en revistas profesionales que validen los antiguos consejos y recomendaciones.

Ahora bien, cuanto más confiemos exclusivamente en un modo de conocimiento, más probable es que funcionemos con prejuicios de los que ni siquiera somos conscientes. Nuestra insistencia en valorar la ciencia por encima de la intuición ignora los hallazgos que muestran que cuando combinamos las dos, con frecuencia nuestras elecciones son mejores. Un estudio de diez años de duración sobre PES (percepción extrasensorial) en directores de empresas, realizado por los investigadores Douglas Dean y John Mihalasky, halló que los directores ejecutivos que confían en la intuición y asumen riesgos basados en sus presentimientos ganan más dinero, en una proporción significativa, que aquellos que toman las decisiones basándose solo en la lógica y los «hechos».[25] Y la intuición no tiene por qué ser tan irracional como los racionalistas empedernidos suponen. Los premios Nobel Daniel Simon y Daniel Kahneman se hallan entre aquellos cuya investigación ha demostrado que, cuando los expertos toman decisiones basadas en la intuición, en realidad están extrayéndolas de un almacén de conocimiento y experiencia.[26] Por el contrario, una decisión basada en un presentimiento del tipo «no sé porqué lo elegí a él; simplemente me gustó su apariencia», es más probablemente una respuesta puramente emocional y tiene tantas posibilidades de ser errónea como de ser cierta. Los chamanes que he conocido son, ciertamente, sanadores expertos y extraen su percepción de la sabiduría acumulada de generaciones de ancianos y en la experiencia compartida en la cocreación junto al Espíritu.

Un prejuicio generalizado, que puede tener graves consecuencias, es la creencia de que no estamos equipados para tratar las necesidades de nuestra propia salud, sino que debemos confiar en los médicos, las medicinas y las terapias para sanarnos. Esto lleva a un sentimiento de impotencia que puede evitar que realicemos, por nuestra cuenta, acciones que nos salven la vida. La Medicina del Espíritu nos ayuda a reconocer que no necesitamos depender solo de los expertos médicos o los fármacos. Podemos extraer poder de la mente y del Espíritu para apoyar nuestra capacidad innata de autosanación. Podemos elegir liberarnos de las emociones negativas que alimentan la depresión, la ira y la preocupación, y cultivar emociones positivas que nos ayudan a reparar nuestro cuerpo.

Mientras nos mantengamos presos en las garras de nuestras creencias limitantes, almacenadas en nuestro cerebro límbico, siempre andaremos buscando a otros para que nos digan lo que tenemos que hacer –no solo médicos que dirijan el cuidado de nuestra salud, sino también comentaristas políticos que nos digan a quién votar y medios de comunicación que nos muestren quiénes son nuestros enemigos.

Las creencias limitantes tienden a mantenernos atrapados en uno de estos tres roles: víctima, perseguidor o salvador. Estos se sitúan en los tres vértices de lo que llamo el triángulo de la impotencia. Creamos dramas representando estos tres tipos de papel y cuando la historia se despliega, actuamos como perdidos en un laberinto, sin desembarazarnos nunca del cuento que nos debilita. No es de extrañar que todas las situaciones nos resulten familiares: seguimos proyectando los mismos roles sobre los jugadores y reactivando los viejos dramas.

Ya seamos víctimas, perseguidores o salvadores, estamos continuamente reaccionando a las acciones de los demás. Vemos esto allí donde la gente es conducida por creencias limitadoras. Para los indios occidentalizados que visité en Sudamérica, los perseguidores fueron los conquistadores, los indios fueron las víctimas y la Iglesia católica se convirtió en el salvador.

Los nuevos pacientes que llegan a verme para que les aplique medicina energética chamánica a menudo quieren que yo sea el salvador que los cure de cualquier enfermedad que los mantiene como víctimas. Mi primera tarea es rechazar ese trabajo y en lugar de eso ayudarles a que salgan de sus creencias limitantes y encuentren su propio poder interno capaz de sanarlos. De otro modo, esperan que yo haga magia mientras ellos permanecen como observadores pasivos.

Todos estos papeles –víctima, perseguidor, salvador– siguen haciendo que nos sintamos temerosos, a la defensiva, envidiosos y competitivos. Cuando encontramos a alguien que está haciendo algo inteligente y original, en lugar de admirar a esa persona, sentimos celos o minimizamos sus esfuerzos. Como parece que dijo el escritor Gore Vidal, «cada vez que un amigo mío tiene éxito, una parte de mí muere». La oportunidad que se nos presenta de sanar nuestras emociones consiste en ir más allá de nuestras creencias limitadoras y comprender nuestras vidas en un contexto más amplio, libres de prejuicios que distorsionen nuestras percepciones. Las narraciones heroicas sobre personas que han sido puestas a prueba y han superado sus heridas para sanarse a sí mismas y a sus comunidades son mucho más inspiradoras y estimulantes de nuestro propio poder que los dramas de tres personajes que habitualmente creamos.

LA SOBREESTIMULACIÓN Y EL «LUCHAR O HUIR»

Los dos principales factores estresantes que encontramos actualmente –la sobreestimulación y un hiperactivo sistema de «luchar o huir»– a menudo van de la mano. Estamos bombardeados con más información y estimulación sensorial de la que podemos manejar y que desestabiliza nuestro eje HPA, nuestra respuesta de «luchar o huir». Solo de la televisión e Internet, estamos expuestos a más estímulos en una semana que nuestros antepasados paleolíticos en toda su vida. Y andamos constantemente buscando nuevas informaciones, hasta el punto de estar exhaustos de manera crónica. No puedo contar la cantidad de veces que he oído a alguien decir: «¡Si no fuera por la cafeína, no podría hacer nada de lo que hago!». La naturaleza diseñó el cerebro para hacer frente solo a un león rugiendo, no a la selva entera contra nosotros. Sin embargo, actualmente, nuestro cerebro está demasiado sobresaturado como para revisar todos los datos, mucho menos para analizarlos con una mirada fresca y decidir qué es una crisis y qué no, así como qué ha de hacerse en ese caso, si es que hay algo que hacer.

Los medios de comunicación nos ofrecen noticias de guerras y devastaciones que ocurren en tierras lejanas, pero nuestra respuesta de «luchar o huir» solo funciona con coordenadas locales, y no entiende la noción de *lejos*. Cuando leemos acerca de algún suceso catastrófico, la parte pensante de nuestro cerebro capta que está ocurriendo en otro tiempo y en otro lugar. Pero el cerebro percibe imágenes no verbales y mucho más rápidamente. De modo que, cuando al hipocampo, que regula la respuesta de «luchar o huir», se le presentan series de imágenes de alguna atrocidad, las registra como si estuviera ocurriendo ahora y cerca, y entra en un estado de intensa alerta. Cuanto más dañado está el hipocampo por el estrés y las toxinas, más amenazador parece ser el peligro.

Estoy convencido de que el daño del hipocampo, a escala nacional, puede medirse por el número de pistolas que poseen los ciudadanos de un país. Según el *Washington Post*, Estados Unidos tiene el número de pistolas per cápita más alto del mundo –cerca de noventa por cada cien habitantes– y el índice más elevado de asesinatos relacionados con este tipo de armas en el mundo desarrollado.[27] El hipocampo huele el peligro acechando detrás de cada árbol.

Otra razón por la que nuestra respuesta de luchar, huir o quedarnos paralizados está permanentemente encendida –quedarse paralizado es la respuesta de un HPA saturado– es la velocidad con que tenemos que reaccionar ante la información que nos llega. Nuestros sentimientos se transmiten por las hormonas que viajan a través del cuerpo en un sistema químico, lento, analógico. Se puede disfrutar del sentimiento de amor hacia un niño o hacia una mascota, o estar furioso, durante días. Por otra parte, nuestros pensamientos atraviesan el sistema nervioso a la velocidad de la luz, en señales eléctricas digitales que exigen una respuesta inmediata. Por tanto, en nuestra sociedad saturada de información y sobrecafeinada, hay un abismo cada vez mayor entre nuestros pensamientos y nuestros sentimientos, nuestras cabezas y nuestras vísceras, y el resultado es la sobreestimulación. Dormimos, pero no descansamos. Estamos crónicamente exhaustos. Y este estrés mantiene el eje HPA funcionando sin parar, fijo en la posición de *on*, envenenando el cerebro con hormonas del estrés que nos dejan paralizados de miedo o fuera de combate por un agotamiento crónico.

Probablemente habrás escuchado la expresión: «Neuronas que arden juntas, neuronas que están interconectadas».

Hoy en día, para mucha gente, los senderos neuronales del cerebro, especializados en «luchar o huir», se han ampliado hasta convertirse en superautopistas. Según el Instituto Nacional de Salud Mental, en cualquier año, un 25% de los estadounidenses recibe un diagnóstico relacionado con la salud mental, y de estos, el 18% tiene ansiedad y el 7% padece depresión.[28] Tristemente, entre los adolescentes, la ansiedad y la depresión son entre cinco y ocho veces más frecuentes de lo que lo eran hace cincuenta años.[29]

Efectivamente, el hipocampo es el termostato del eje HPA. Establece el umbral de lo que consideramos peligro, lo que vemos como oportunidad y lo que descartamos por vulgar. Cuanto más alto establezcamos el termostato, menos probable es que nos asustemos y menos peligroso nos parece nuestro mundo. Pero cuando el termostato está muy bajo, tarda muy poco en calentarse y disparar el mecanismo de «luchar o huir». En alerta constante, vemos peligro por todas partes.

Y el eje HPA no solo controla nuestras respuestas al peligro; también está implicado en la regulación de la digestión, el estado de ánimo, la sexualidad, el almacenamiento de energía y el sistema inmunitario –lo cual hace que, al ponerlo en peligro, toda la vida parezca más amenazadora–. Cuando está en juego nuestra respuesta de «luchar o huir», el eje HPA produce adrenalina y cortisol, poderosas hormonas esteroides. Realmente, podemos volvernos adictos al miedo y a la sobreestimulación –o, más exactamente, a las sustancias químicas que los inducen–. Es fácil confundir un subidón de adrenalina con la vitalidad. La diferencia es que la vitalidad es rejuvenecedora, mientras que las sustancias químicas del estrés que inundan el sistema llevan al *burnout* y dañan nuestros tejidos y nuestros órganos, incluso el cerebro.

El hipocampo es rico en receptores del cortisol, y cuando las glándulas adrenales inundan el sistema con cortisol en respuesta al estrés, puede dañarse el hipocampo. Pero, alimentando el cerebro con ácidos grasos omega-3, se puede reparar y reiniciar la respuesta de «luchar o huir». En tan solo seis semanas tomando omega-3 es posible comenzar a ver belleza allí donde antes no se veía más que fealdad y tener una sensación de oportunidad donde solo se percibía peligro. El hipocampo se repara rápidamente y cuando se deja de alimentar el cerebro con adrenalina y cafeína, uno comienza a sentirse libre de los efectos negativos del estrés.

Cuando el sistema de «luchar o huir» se calma, el laboratorio alquímico de la glándula pineal comienza a reunir psicodélicos endógenos que inundan el cerebro, creando estados de dicha, de gozo y de comunión. El cerebro no puede fabricar al mismo tiempo las moléculas del miedo y el estrés y producir los psicodélicos del gozo. O lo uno o lo otro. Es fundamental dejar de introducir tanto estímulo e incorporar conscientemente momentos de tranquilidad –minutos, horas, días incluso, libres de drama emocional y mental–. Meditar, volcarse plenamente en una actividad placentera o simplemente pasar un tiempo en la naturaleza pueden ser grandes liberadores del estrés. Cuando te sientas abrumado, puedes detenerte y hacer algunas respiraciones profundas.

Tengo un paciente que era un amante horrible. Al menos eso es lo que decía su mujer, quien aseguraba que, para él, el sexo era como satisfacer un hambre profunda y que intentaba hacerlo lo más rápidamente posible. Se centraba solo en el clímax final, perdiendo los placeres compartidos de los preliminares amorosos. Su impulso de ser el primero en llegar a la línea final, lo cual le iba muy bien en su trabajo como inversor en banca, le hizo un perdedor en la cama. Era incapaz de ir más lentamente y valorar los momentos de intimidad. Vinieron a verme seis meses después de una terapia de pareja que había fracasado, y lo primero que hice fue recetarles a ambos una dosis clínica de omega-3, entre 3 y 5 gramos al día. Con eso y alguna ayuda de su mujer, el hombre fue capaz de descubrir el valor de la exploración y de la innovación. Pero el omega-3 fue solo parte de su tratamiento. Utilizamos también una técnica chamánica de reiniciar su respuesta de «luchar o huir». Una vez reiniciamos su eje HPA, ya no se quedaba paralizado en la cama, y fue capaz de explorar la intimidad con su pareja.

Cuando abandonamos la adicción a la adrenalina y la dopamina, que nos mantienen encendidos y listos para luchar, podemos vivir más sabiamente. Las decisiones precipitadas y las acciones impulsivas y avivadas por el miedo, que más tarde deploramos haber realizado, suceden menos frecuentemente cuando el mecanismo del eje HPA no está dando el espectáculo. Cuando el cerebro está estancado en el modo «luchar o huir», es cuando recurre, por defecto, a las viejas historias tóxicas que nos llevan a actuar de maneras estereotipadas, improductivas, incluso destructivas, prisioneros del triángulo de la impotencia.

Libres del modo «luchar o huir», podemos comenzar a soñar de nuevo, no solo por la noche, también durante el día. Los cazadores-recolectores invierten solo unas tres horas al día en buscar alimento, y dedican el resto de su tiempo al ocio, al arte y a soñar. Los hadza de Tanzania, como los kung de Botswana, trabajan únicamente unas catorce horas a la semana. Pero, desde que nuestros antepasados comenzaron a cultivar, la cantidad de tiempo dedicado a asegurarse que tenían bastante comida en sus platos aumentó tanto que apenas les quedaba tiempo para sentarse junto al fuego e intercambiar historias. La industrialización no ayudó: el tiempo se hizo todavía más escaso cuando los empleados comienzan a trabajar como burros, largas horas, en las fábricas. Solo aquellos que estaban cerca de la cima o del fondo de las jerarquías de poder (los millonarios o los monjes indigentes) podían dedicarse a la contemplación. Incluso ahora resulta difícil meditar o soñar despierto creativamente cuando los días son devorados por los correos electrónicos y la colada.

Pero la importancia del soñar despierto no puede exagerarse. James H. Simons, un genio matemático de logros impresionantes, quien comenzó un fondo de inversión que le convirtió en multimillonario y en un importante donante a causas científicas, atribuye su éxito a la «reflexión»: «Yo no era el chico más rápido del mundo –dijo al *New York Time*–, pero me gusta reflexionar. Y pensar las cosas, reflexionar sobre ellas, muestra ser un enfoque muy bueno».[30]

Observar las estrellas e imaginar posibilidades ha sido sustituido por trabajar siguiendo una lista interminable de «cosas que hacer». Soñar y simplemente *ser* han sido dejados de lado en nombre del *hacer.* Incluso cuando estamos en la naturaleza, seguimos pegados a nuestros *smartphones* recorriendo en sus pantallas las alertas de mensajes de texto y mirando la temperatura en nuestras aplicaciones del tiempo, en lugar de sentir el sol y el aire en nuestra piel.

La tecnología nos proporciona acceso a cantidad de información. Mientras estemos cerca de una zona wifi, cualquier asunto sobre el que queramos saber algo puede tener respuesta instantáneamente utilizando un artilugio digital que nos permite realizar la búsqueda necesaria. Lo que nos falta es la capacidad de dominar todos esos datos y experimentar la verdadera sabiduría. La información nos empuja a la acción –comprar, vender, hacer–. La sabiduría nos invita a soñar.

En occidente somos listos para manejar la información mediante la especialización. Un médico puede conocer exhaustivamente todos los detalles referentes al aparato digestivo, pero no tener ni idea cuando se trata de las emociones humanas. Los psicólogos que tratan pacientes con depresión o ansiedad casi nunca piensan en preguntarles por sus problemas gastrointestinales, aunque muchos desórdenes de los estados de ánimo se originan en el aparato digestivo. Practicamos la medicina de manera geográfica, con médicos que se especializan en el corazón, en el cerebro, en los huesos, en el colon, pero rara vez haciendo hincapié en una visión holística del bienestar del paciente.

SUPERAR EL MIEDO A LA MUERTE

Las creencias limitadoras, la sobreestimulación y una respuesta de «luchar o huir» hiperactiva (los factores estresantes mentales y emocionales que solemos experimentar) conducen a nuestro miedo más primitivo: el miedo a la muerte. En las sociedades aborígenes hay ritos de paso e iniciaciones cuidadosamente diseñados para confrontar a una persona directamente con el terror que produce hallarse ante la muerte. La idea es que, al experimentar la muerte ritualmente, se puede superar el miedo a esa pérdida definitiva, inevitable. Los chamanes lo llaman «atravesar tu muerte», y despierta una sabiduría profunda sobre la realidad no ordinaria y la continuidad de la vida en el mundo invisible. Después de eso, uno deja de sentirse acosado por un sentido crónico de ansiedad ante los problemas cotidianos y puede tenerse una visión más amplia del propósito de su vida.

Al mejorar el cerebro, se descubre que se puede abandonar la fijación en lo que creemos que es absolutamente importante para nuestra seguridad y nuestra felicidad, esencial para nuestra supervivencia. A medida que nos liberamos del enfoque antiguo de la existencia, movido por el miedo, nos vamos dando cuenta de que tenemos más fe en nuestra capacidad de manejar la incertidumbre. Logramos la sensación de vivir en un mundo seguro y acogedor, en un universo que apoya nuestras intenciones.

SEPARACIÓN CONTRA UNIDAD

El cerebro límbico percibe la separación más que la unidad. Rompe la realidad en pequeños fragmentos para entenderla, pero al hacerlo pierde la totalidad. Por el contrario, el cerebro superior siente que el mundo visible de la materia y los fenómenos físicos y el mundo invisible del Espíritu y de la energía no están separados. Es solo nuestra percepción cotidiana, práctica, la que traza una distinción entre ambos. En el mundo visible percibo que mi cuerpo está separado del cuerpo de otra persona que permanece sentada en una silla cerca de mí, pero en el mundo invisible todo está interrelacionado y es indivisible.

El mundo invisible es una realidad unificada, no local y más allá del espacio y el tiempo. Aunque omnipresente, es invisible para la percepción ordinaria: lo conocemos solo a través de sus manifestaciones. Podemos aprehender de forma directa el ámbito de lo invisible solo cuando nuestra percepción se transforma y la barrera espacio-temporal entre los dos mundos cae momentáneamente.

Hasta que se vislumbra la realidad no ordinaria, invisible, el cerebro permanece predispuesto a la separación y con temor a lo que hay «ahí fuera». Tras la experiencia de la Medicina del Espíritu, el sentido de separación se disuelve, pues uno se percibe como parte inextricable de una totalidad más grande.

Después de tomar la Medicina del Espíritu, se puede «soñar y traer al ser» la salud y el bienestar, prever la libertad respecto de la escasez y el miedo y diseñar relaciones armónicas con otras personas, otras criaturas y el planeta. Se descubre que la muerte no es algo que haya que temer y evitar a toda costa, sino simplemente una puerta de entrada a otra dimensión.

En el mundo ordinario, visible, nuestras posibilidades están limitadas por la información que nuestros sentidos puedan captar. Nuestras mentes están entrenadas para comparar lo que encontramos hoy con lo que ya hemos experimentado en el pasado. Pero en el mundo no ordinario se puede tener acceso a la sopa primordial de toda la creación, ilimitada en su potencial para dar nacimiento a lo nuevo. Aparentes imposibilidades se vuelven posibles.

Fue la sabiduría del mundo invisible la que estimuló el coraje de los pueblos antiguos para navegar hacia el horizonte y poblar Australia hace cincuenta mil años y para ponerse en marcha hacia lo desconocido y cruzar el estrecho de Bering hacia Norteamérica. Cuando puedes hacer uso de la sabiduría de la dimensión no ordinaria, estás preparado para concebir un mundo de posibilidades sin fin y ayudar a dar forma a un futuro que no ha llegado a revelarse todavía.

Las grandes ideas, aquellas que están en sincronía con quien realmente somos y no con quien creemos que deberíamos ser, proceden de la dimensión no ordinaria. Pueden parecerle una locura a la gente que está identificada con el mundo ordinario y sus limitaciones, pero la energía de esas ideas es demasiado poderosa, demasiado apremiante para ser ignorada.

Si tienes valor, la Medicina del Espíritu puede llevarte a una vida totalmente diferente, una vida con una nueva salud, una nueva sabiduría, nuevas actividades, nuevas relaciones, nuevas oportunidades. Comienzas a sentirte más en casa en tu propia piel. Los cambios que hagas serán permanentes y nada te impedirá seguir tus sueños.

Cuarta parte

EL RENACER VIENE A PARTIR DE LA QUIETUD

Capítulo 8

ACEPTAR UNA NUEVA MITOLOGÍA

Las religiones, las filosofías, las artes, las formas sociales del hombre primitivo y del hombre histórico, los principales descubrimientos en ciencia y en tecnología, los mismos sueños que surgen al dormir se cuecen en el anillo mágico del mito.
Joseph Campbell

Primero has eliminado los venenos de tu cuerpo y has mejorado tu cerebro con superalimentos y supersuplementos. Luego has comenzado a liberarte de las emociones tóxicas y las creencias limitadoras, reiniciando las respuestas del «luchar o huir» y activando la producción de las moléculas del espíritu en tu cerebro. El siguiente paso hacia la recepción de la Medicina del Espíritu es mejorar la calidad de la expresión de tus genes, activando los de la salud y desactivando los de la enfermedad. Para esto tendrás que hackear las contraseñas de los códigos protegidos del campo de energía luminosa (CEL) que rodea al cuerpo físico. Se puede llegar al CEL cuando abandonas las historias y los conflictos familiares y culturales que te confinan dentro de una experiencia reducida de la vida. Entonces puedes adoptar una nueva mitología, más abarcadora, que apoya tu capacidad de «soñar y traer al ser» un cuerpo nuevo y un mundo nuevo.

¿Por qué mitología? Porque el lado derecho del neocórtex, el cerebro superior, funciona con relatos y con mitos, no con hechos. El éxito de *Juego de tronos*, *El Señor de los anillos* y *La guerra de las galaxias*, así como los libros de Harry Potter, da testimonio de nuestra fascinación por la fantasía y el mito. Al mismo tiempo, tendemos a subestimar el poder de los mitos, desechándolos como fábulas encantadoras o cuentos entretenidos. Pero, como el erudito Joseph Campbell puso de manifiesto, los mitos no son solo líneas argumentales para cómics y películas veraniegas taquilleras. Nos afectan en un grado mucho mayor y en un nivel mucho más profundo de lo que nos damos cuenta. Desde una edad muy temprana caemos bajo el hechizo de poderosos mitos que influencian nuestro modo de percibir el mundo y, en consecuencia, las elecciones que hacemos cada día.

Las mitologías representan las creencias y los valores de grupos y culturas particulares. En gran medida, los mitos guías de Occidente son diferentes de los de otras partes del mundo. No obstante, algunos mitos parecen ser universales inscritos en la psique humana colectiva: transmiten energías arquetípicas que atraviesan el tiempo y la geografía. Los mitos más duraderos tienen que ver con personas comunes que se embarcan en búsquedas heroicas, a veces en contra de su voluntad y venciendo obstáculos aparentemente insuperables para realizar hazañas extraordinarias.

Los mitos de los griegos antiguos se centraban en las travesuras demasiado humanas de los dioses del Olimpo y las proezas de héroes como Odiseo, Hércules y Aquiles. Nuestros mitos modernos no son menos absorbentes que los de los antiguos griegos y romanos. Un mito americano clásico es el caso del hombre que se hace a sí mismo y que alcanza fama y fortuna a través de la determinación y del trabajo duro. Junto a ese, está el mito del huérfano que supera una infancia difícil y carente de amor, gracias a su coraje, su dignidad y su encanto. Como todos los buenos mitos, estas historias terminan en el triunfo y con la virtud recompensada. Narrativas como estas alimentaron las aspiraciones emprendedoras de los norteamericanos hasta el final del siglo XX, cuando un nuevo tipo de corredor de bolsa y de niño prodigio de Internet amasó miles de millones de la noche a la mañana.

Los cuentos míticos del siglo XXI apuntan a un nuevo tipo de valores. Ahora, nuestros mitos son vuelos de la fantasía, situados en sistemas estelares lejanos o tierras mágicas habitadas por dragones, magos y seres de otros mundos. O reflejan el aspecto sombrío de la fantasía –visiones apocalípticas de devastación–. De cualquier modo, ya no estamos subyugados por los huérfanos Annie u Oliver Twist, sino que el tema subyacente sigue siendo el mismo: una persona ordinaria es llamada a enfrentarse a retos extraordinarios, y en el proceso resulta transformada.

Los valores y creencias contenidos en los mitos son tan fuertes que una vez encuentras tu mito guía personal, te sientes impulsado a transformar tu vida para ajustarte a él. Cambia el mito, y tus valores y creencias cambiarán. Y lo mismo harán los hechos de tu vida, de acuerdo con ellos. Pero solo se puede cambiar el mito personal después de haber mejorado el cerebro, porque un cerebro roto automáticamente pone en marcha el viejo *software*, dejándote a merced de los cuatro antiguos programas del cerebro límbico: luchar, huir, alimentarte y fornicar. Cuando somos prisioneros de la agresividad, el miedo o la codicia –o su opuesto, la escasez–, nos volvemos incapaces de adoptar nuevos valores o creencias, incluso frente a una crisis grave. Las programaciones inconscientes echan por tierra incluso nuestras mejores intenciones.

Las tradiciones judeo-cristianas de Occidente nos han dejado poderosos mitos que funcionan en la psique como programas de ordenador que están en marcha continuamente, a modo de fondo de pantalla. Ni siquiera somos conscientes de ellos, pero dirigen nuestro sentido básico de valía y nuestra visión del mundo, coloreando el modo de vivir día a día.

Uno de los primeros relatos bíblicos que aprendemos de niños es el de Adán y Eva, en el libro del Génesis. El mito de Adán y Eva nos carga con el pecado original: porque desobedecimos a Dios, fuimos expulsados para siempre del Jardín del Edén y ya no podemos comulgar directamente con Dios –ni con los ríos, las rocas, los árboles y los animales–. Pero los pueblos indígenas, sean africanos subsaharianos, australianos aborígenes o nativos americanos, no tienen esa creencia sobre la expulsión del paraíso. En sus mitologías no solo *no* fueron expulsados del Jardín, sino que se les dio y se les confió su mantenimiento, como cuidadores de la tierra. Podemos decir que queremos vivir de manera más sostenible, en armonía con el mundo natural, pero nuestro antiguo y arraigado sistema de creencias nos aleja constantemente de nuestra meta. Nos justificamos diciendo que como individuos podemos marcar la diferencia o que la economía mundial colapsaría si aprobamos el Protocolo de Kioto, que limita las emisiones de gases que provocan el efecto invernadero. De modo que terminamos persiguiendo estabilidad económica a corto plazo y no hacemos nada por revertir el cambio climático.

Nuestra tradición judeo-cristiana nos ha dado también un buen número de otros mitos que hemos interiorizado, entre los cuales se halla la idea de que la vida eterna es solo para un número reducido de elegidos –y que los sacerdotes tienen nuestros pasaportes para el cielo–. Tal visión sería inconcebible para los pueblos indígenas con los que viví. Para ellos el cielo está en la Tierra, nadie está excluido y la existencia es eterna: la muerte es simplemente un tránsito de un estado a otro, desde nuestra naturaleza «corpuscular» hasta nuestra naturaleza «ondulatoria». Las filosofías orientales como el budismo sostienen una visión similar: la conciencia es eterna y el paraíso es un estado de despertar, aquí en la Tierra, accesible a todos.

Para los chamanes, la eternidad está disponible para todo el que mejora su cerebro y desarrolla un cuerpo nuevo, mejorado, a través de la Medicina del Espíritu. La sanación definitiva no es del cuerpo físico solo, sino también del campo de energía luminosa –el cuerpo de luz que nos lleva más allá de esta vida al final del tiempo–. Este es el cuerpo de luz que conservaremos con nosotros durante mucho tiempo después de que esta vida termine, y que en Occidente desatendemos por completo.

Otro mito persistente con el que nos engañamos es la creencia en el mal como principio independiente en el universo. Para mí es mucho más convincente la concepción de que vivimos en un universo benevolente que seguirá su camino para conspirar a nuestro favor, si mantenemos una relación adecuada con él.

Estos viejos relatos persisten en lo que el psiquiatra Carl Jung denominaba «inconsciente colectivo», el almacén de ideas y memorias compartidas por la especie. La mitología colectiva discurre tan profundamente que apenas dejamos de pensar: «Esta historia ha quedado anticuada». Generalmente hay que esperar crisis globales, tecnologías innovadoras y descubrimientos radicales para que los viejos mitos sean sustituidos por otros nuevos. Así como la invención de la imprenta modificó la mitología colectiva en los siglos que le siguieron, la Red es un relato transformador de nuestro tiempo. Al adoptar una nueva mitología podemos cambiar las fuerzas que afectan a nuestras vidas, preparándonos individualmente para recibir la Medicina del Espíritu y colectivamente para crear un futuro más sostenible para el planeta.

ENERGÍAS ARQUETÍPICAS

A estas alturas de nuestra historia, parece claro que la especie humana necesita ser más colaboradora, creadora y cooperadora, cualidades que son aspectos de la figura arquetípica de la madre. Para devolverle el equilibrio a nuestra relación con la Madre Tierra y de los unos con los otros necesitamos sustituir la mitología masculina de dominio, conquista y poder jerárquico. Y a nivel personal, superar la manera de pensar límbica, egocentrada, sedienta de poder y obsesionada con la guerra.

No basta con prometernos a nosotros mismos que cambiaremos. Tenemos que captar activamente las energías arquetípicas que reorientarán nuestras creencias, nuestros valores y nuestras acciones. Los arquetipos que necesitamos atraer son en realidad muy antiguos. Han guiado e influenciado la experiencia de la humanidad durante todo el tiempo. Carl Jung describía los arquetipos como «formas en la psique que parece que están presentes en todas partes y en todo momento». Los arquetipos están incrustados en la mitología que se ha transmitido por medio de la tradición oral, las enseñanzas de la sabiduría y los libros sagrados y que se halla entretejida en los rituales religiosos y también en los seculares. De hecho, la mitología y el folklore basados en relatos acerca de la interacción humana con fuerzas arquetípicas –los dioses de antaño– han existido en todas las culturas de la Tierra desde que los humanos desarrollaron el lenguaje.

Las historias que tienen fuerza para nosotros incorporan temas universales que nos conmueven profundamente. Ya estemos leyendo el mito de Ulises, viendo una historia de amor en la gran pantalla o escuchando una canción acerca de un hombre que consigue a su mujer a fuerza de perseverar, respondemos a una narración que habla a nuestros anhelos y nuestros sueños. Cerramos el libro, salimos del teatro o apagamos la música, sintiéndonos elevados –inspirados para disfrutar cada momento de nuestra demasiado corta vida.

Cuando nos exponemos constantemente a los mitos antiguos, debilitadores, que se han colado en los libros, las películas y los informativos, terminamos reviviéndolos por defecto. Quedamos atrapados compitiendo desesperadamente contra un rival más joven, caemos presa de un embaucador listillo o repetimos hábitos que nos enferman en lo físico, nos generan malestar psicológico y nos dejan espiritualmente vacíos. Nuestra percepción queda estrechamente limitada a lo verificado y perdemos la capacidad de interactuar de un modo creativo con la vida. Paralizados por la crisis, somos incapaces de reconocer la oportunidad de considerar al rival como un colega o al embaucador como un potencial compañero de juegos.

No hace mucho tiempo, en una expedición que dirigí a los Andes, uno de los participantes, Mark, se sintió muy amenazado por la mitología indígena que estábamos explorando. Es un corredor de bolsa, con éxito, que cree que solo hay un número determinado de porciones del pastel y uno tiene que abalanzarse a por las suyas, antes de que otro lo haga. Los chamanes con los que trabajábamos señalaron que Mark estaba acumulando porciones del pastel equivocado. Perseguía el pastel que le proporcionaría más riqueza, pero el Gran Pastel, aseguraban, está en el cielo; es el pastel de la sabiduría y la generosidad y está inagotablemente lleno de porciones. «Hasta las ardillas saben cuándo han almacenado suficientes nueces para el invierno», le dijeron los chamanes.

Su mensaje golpeó a Mark como una bofetada en la cara, y vino a mí enfadado y frustrado, quejándose de que los indios lo único que querían era su dinero, que estaban intentando venderle piedras, plumas y ropas para su propio beneficio. Quería abandonar la expedición inmediatamente. Por fortuna, estábamos muy arriba, en las montañas, y no había manera de descender al valle hasta el día siguiente. Le sugerí que lo que realmente le estaba molestando era el hecho de darse cuenta de que ninguna cantidad de dinero, fama o notoriedad podrían llenar nunca su corazón y su alma. A regañadientes, aceptó que podría ser cierto. Reconoció que su idea del éxito era limitada y que tenía que ampliar su perspectiva si quería encontrar la paz interior.

Actualizar la mitología personal significa abandonar las creencias seductoras, pero limitadoras, que nos afectan colectivamente y crean un infierno viviente para cada uno de nosotros. La creencia de Mark era que podría ayudar al mundo solo después de hacerse muy rico; entonces donaría dinero a las organizaciones benéficas que quisiera. Fue un *shock* darse cuenta de que tenía que empezar por cambiar él mismo y su mito personal acerca de la escasez. Cambiar los mitos personales exige interactuar con relatos familiares de una manera nueva para poder usar esas energías de forma más sabia y eficiente. Podría revisarse cómo se relaciona uno con su guerrero interno, por ejemplo, abandonando la violencia hacia uno mismo y hacia los demás y reservando la energía de la lucha para las batallas más importantes y para el terreno del atletismo.

Podemos convertirnos en guerreros que luchan contra sus propios demonios en lugar de buscar gente a la que demonizar y dominar. Podemos hacer la guerra santa a nuestro infiel interior –o incluso desprendernos completamente de la energía guerrera y ver lo que tiene que enseñarnos nuestro infiel interior–. De modo similar, podríamos trabajar con el niño interno enfadado, que siempre quiere las cosas a su manera, o con la Afrodita celosa que exige que toda la atención y toda la adoración estén siempre centradas en ella.

EJERCICIO:
ENCONTRAR UNA MITOLOGÍA QUE NOS EMPODERE

Los mitos personales son programas profundos e inconscientes que se revelan a través de los sueños y los cuentos de hadas. Cada uno de nosotros es el héroe o la heroína de su mitología personal, pero si los mitos que nos guían nos mantienen atados a una visión del mundo limitada y desalentadora, encontrar una mitología personal nueva, más capacitadora, es fundamental para nuestra salud y nuestro bienestar.

- El primer paso para hallar un nuevo relato es identificar los viejos mitos y narraciones que ya no te sirven. Escribe un cuento de hadas corto –no más de una página– acerca de un hombre o una mujer encerrados en las mazmorras de un castillo. ¿Cómo ha ido a parar allí el prisionero? ¿Cuáles son las creencias o los miedos que le mantienen allí?
- Siéntate en silencio y permite que emerja una nueva visión de ti mismo y de la vida. Escribe una nueva historia en la que estás libre, en la que dejas el castillo para caminar hacia lo desconocido, en la que te enfrentas con dificultades y encuentras oportunidades, en la que forjas un nuevo destino. Identifica las fortalezas y las creencias en las que se basa tu nuevo relato.

HACIA UNA NUEVA MITOLOGÍA

En los próximos cuatro capítulos, consideraremos cuatro mitos que ilustran el poder que llega a nosotros cuando abrazamos una nueva mitología personal. Las historias de Parsifal, Psyche, Arjuna y Siddharta trazan el mapa con los peldaños del viaje que conduce a liberarnos de las creencias limitadoras y a cambiar nuestros destinos. Cada uno de esos individuos se embarcó en un viaje heroico de transformación en el que se fue divinizando. Nuestro vehículo para trabajar con estos mitos y recuperar su poder es la rueda de la medicina, una herramienta de las enseñanzas de los pueblos indígenas de las Américas que es esencial a todas las tradiciones espirituales centradas en la Tierra. Estas tradiciones honran el principio femenino, el arquetipo de la Madre y una relación con el Espíritu.

Stonehenge en Inglaterra y Machu Picchu en Perú –antiguos lugares sagrados para los indígenas de Gran Bretaña y los Andes respectivamente– son los ejemplos más famosos de la espiritualidad basada en la Tierra y en los ciclos de la naturaleza. Rasgos dominantes de ambos lugares son las piedras enormes orientadas al movimiento anual del sol atravesando el firmamento desde el equinoccio de primavera hasta el solsticio de verano, de este al equinoccio de otoño y finalmente al solsticio de invierno, para luego comenzar su viaje de nuevo.

La rueda de la medicina proporciona un mapa para hacer frente a los retos de la transformación. Al trabajar con la rueda en las cuatro direcciones –del sur al oeste, al norte y al este– aprendemos a vivir con más valor y más creativamente, preparándonos para recibir la sanación de la Medicina del Espíritu.

Aunque las prácticas asociadas con la rueda de la medicina varían según los diferentes grupos de indígenas de

América del Norte y del Sur, en el modo que me enseñaron mis maestros de la Amazonia comenzamos por el sur, con el viaje del sanador, y sanando nuestras heridas. Luego nos dirigimos hacia el oeste y emprendemos el viaje de lo Divino Femenino, enfrentándonos al temor a la muerte. Desde allí vamos al norte, mediante el viaje del sabio, en el que aprendemos a estar en calma, como la superficie del lago que refleja todas las cosas y no perturba nada. Finalmente alcanzamos el este, cuyo viaje es el del visionario, en el que practicamos el «soñar y traer» el mundo al ser y participamos en la creación.

Este es el clásico viaje del héroe, que nos llama a abandonar nuestra vida diaria tal como la conocemos y saltar sin miedo a lo desconocido.

El viaje de la Medicina del Espíritu es un viaje en solitario, en el que nadie puede hacer el trabajo de transformación por ti. Pero eso no significa que camines por la rueda de la medicina en soledad. Te embarcas en este sendero como parte de una valerosa comunidad de hombres y mujeres de sabiduría que han existido antes que tú. La ayuda del universo está siempre disponible, pero tenemos que ser humildes para beneficiarnos de ella. Sin humildad es casi seguro que retrocederemos a nuestros antiguos caminos, a las mismas historias debilitantes y egocentradas. El ego quiere dar una vuelta rápida a la rueda de la medicina y sanar completamente, pero ese no es el modo como la transformación funciona. Con paciencia y dedicación tenemos que dominar las lecciones de cada dirección antes de poder recibir la Medicina del Espíritu. Una vez se ha terminado el trabajo en la rueda de la medicina, se está listo para la búsqueda de visión, el último paso para recibir la Medicina del Espíritu.

Capítulo 9

EL VIAJE DEL SANADOR

LIBERARSE DEL PASADO Y SANAR LAS HERIDAS DE NUESTRA MADRE

Llega un momento en la vida de todo ser humano en que tiene que encontrarse con su pasado. Para aquellos que son soñados, que no tienen más que un conocimiento pasajero del poder, este momento tiene lugar en el lecho de muerte, mientras tratan de regatear con el destino para disfrutar de unos momentos más de vida. Pero para «el que sueña», la persona de poder, este momento tiene lugar en la soledad, delante del fuego, cuando invoca los fantasmas de su pasado personal para que comparezcan ante él como los testigos ante el tribunal. Este es el trabajo del sanador, donde la rueda de la medicina comienza.

En el hemisferio sur, hogar de las tradiciones de los Andes basadas en la Tierra, la constelación de la Cruz del Sur ocupa un lugar destacado, tanto en la psique como en el firmamento, igual que la Osa Mayor y la Estrella del Norte guían a los que residen en el hemisferio norte. Las cuatro estrellas de la Cruz del Sur orientan al astrólogo y simbólicamente reflejan el avance a través de las cuatro etapas de la rueda de la medicina que culminan en la Medicina del Espíritu. El viaje del sanador, en la rueda de la medicina, comienza en el sur.

El sur se considera el dominio de la serpiente: en la cosmología indígena, la Vía Láctea es la Serpiente del Cielo. En todas las culturas, el arquetipo de la serpiente representa la sexualidad y la fuerza vital. Las tradiciones orientales la asocian con *kundalini*, una fuerza vital a menudo descrita como una serpiente enroscada en la base de la columna vertebral. La serpiente representa los instintos y el pensamiento literal: todo es tal como lo vemos, sin matices ni ambigüedades, resumido en la expresión *es lo que es.* El sentimiento y la emoción no están implicados aquí. Como la serpiente de sangre fría, actuamos sin sentimientos.

En algunas situaciones, mirar a través de los ojos de la serpiente es justo lo que necesitamos. Cuando se está en peligro y el miedo podría provocar pánico y hacer tomar decisiones equivocadas, actuar instintivamente puede asegurar la supervivencia. Si se está en la cima de una montaña abierta, con rayos cayendo alrededor, no es momento de reflexionar, sino de que el instinto de tu serpiente te empuje y te diga que encuentres un lugar seguro.

La serpiente nos recuerda nuestra conexión con la tierra, la fuente de nuestro sostén y nuestro apoyo. El ámbito físico de la carne, el suelo y las rocas despiertan nuestros sentidos cuando, como los ofidios, nos despojamos de las pieles antiguas y las dejamos detrás. El papel del sanador es ayudar a mudar los roles y las identidades que ya no nos sirven y confiar en que podremos sobrevivir sin ellos. Estando en contacto con lo que siente el cuerpo, se puede actuar instintivamente, sin deliberar sobre lo que hay que hacer. Una mujer embarazada a punto de parir no rumia sobre si dar a luz o no; confía en la sabiduría innata de su cuerpo y se entrega a las contracciones.

La serpiente nos empuja a avanzar cuando necesitamos despojarnos de las viejas identidades y hacer un cambio radical. Ahora bien, si nos quedamos estancados en la conciencia de la serpiente, vivimos sin pensar, preocupados solo por nuestro propio bienestar y nuestra supervivencia, sin consideración hacia los sentimientos y las necesidades de los demás. Nos aferramos a lo que conocemos –los roles e identidades que nos sirvieron en el pasado–. Muy a menudo son identidades formadas más por nuestros condicionamientos sociales y la influencia de nuestros padres que por elecciones conscientes realizadas por nosotros mismos. Dado que el cerebro reptiliano primitivo halla seguridad en lo familiar, bajo su influencia evitamos cambiar, incluso cuando los viejos roles no nos convienen ya. Un hombre se casa, a pesar de dudar si continuar con su estilo de vida de soltero. Una mujer se casa, pero tiene dificultad en alejarse de su familia para formar su propio hogar. Algunos se recuperan de una enfermedad que ha puesto en peligro su vida, pero continúan como pacientes, vulnerables y temerosos.

Cuando nuestra mirada está puesta en el ayer, no somos capaces de reconocer las posibilidades que se presentan ante nosotros. Y del mismo modo que la visión de una serpiente se vuelve menos aguda cuando está a punto de cambiar su piel, nuestra percepción tiende a estrecharse cuando nos resistimos a un cambio necesario. Ver el peligro y no la oportunidad hace que perdamos la ocasión de experimentar con nuevos modos de ser que podrían hacernos más felices o conducirnos a un mayor autodescubrimiento.

Robin, una mujer de una edad cercana a los cuarenta años y madre de dos adolescentes, vino a mí para que le practicase una sanación chamánica en un momento crítico de su vida. Estaba angustiada porque sus hijos parecía que ya no la necesitaban más que para que les lavase la ropa y les limpiase su habitación. Pero ella no tenía más identidad que la de «mamaíta», y aunque estaba molesta por cómo su papel había quedado reducido a ser la sirvienta de sus hijos, más aterrorizaba estaba al pensar qué sería de su vida si intentaba hacer otra cosa –quizás un trabajo en publicidad, su profesión anterior–. Robin sabía diseñar anuncios en revistas para ropa de mujer, pero ese campo había seguido avanzando sin ella, de modo que ahora no estaba al tanto de los mercados a través de Internet, la optimización de los instrumentos de búsqueda o las presentaciones virtuales.

Cuando vino a mi consulta, Robin se quejaba de que la vida en casa le estaba enrabiando y enfermando. Había engordado trece kilos, y cuando intentaba disciplinar a sus hijos, su corazón comenzaba a acelerarse y veía venir el dolor de cabeza. Cada mañana se levantaba aturdida, incapaz de pensar claramente sin varias tazas de café. Sabía que tenía que cambiar. Le pedí que comenzara por tomar alimentos para el cerebro ricos en omega-3, que reparan el hipocampo, explicándole que eso le ayudaría a liberarse del viejo pensar que la mantenía encerrada en su papel de madre y sirvienta, mucho más allá de lo que era beneficioso tanto para sus hijos como para ella. Le pedí también que dejase durante un mes el gluten y la leche, para ver si estaba reaccionando a alguno de ellos, y que evitase el azúcar y los carbohidratos refinados.

En nuestra sesión siguiente, tres semanas más tarde, realicé una iluminación para limpiar antiguas huellas del campo de energía luminosa. Después encendí una gran vela que tenía en mi escritorio. Le pedí que anotara sus roles más incómodos en trocitos de papel, después que tomase cada trozo, lo enrollase, le dirigiese una plegaria y luego sostuviese cada papel en forma de palo, ardiendo, y justo cuando la punta de sus dedos estuvieran comenzando a sentir el calor de la llama, colocase lo que quedaba del palito de papel en un recipiente de metal que yo había llenado con arena. Le expliqué que ese ritual era un modo de agotar los «papeles/roles» que formaban su vieja identidad, reduciéndolos simbólicamente a cenizas.

El primer rol que quería quemar era el de *sirvienta*.

—¡Lo he hecho con ese! –exclamó casi gritando.

A continuación quemó los papeles de *cocinera de comida rápida*, *lavandera*, *esposa* y finalmente *directora publicitaria*. Al abandonar ese papel, que pertenecía a su carrera inicial, se abrió a uno nuevo que incorporaba tanto los cambios en su sector como los cambios en ella misma. Esperaba utilizar sus habilidades de un modo nuevo –quizás en la publicidad, quizás en otro campo.

Los chamanes hace mucho que conocen lo que los neurocientíficos están confirmando ahora –el poder de los rituales para transformar el cerebro–. Pequeños rituales, como el utilizado por Robin, ayudan a elevar la conciencia desde el cerebro límbico, literal, hacia redes neuronales de un orden superior. A medida que Robin ofrecía sus viejos roles al fuego dejó escapar un gran suspiro de alivio. No obstante, decidió mantener uno –el de *madre*.

—Seré su madre toda la vida, pero no su sirvienta –explicó.

Si hubiera quemado sus viejos roles sin reparar primero su hipocampo, este ejercicio habría sido poco más que un gesto pintoresco basado en buenas intenciones. Las buenas intenciones se olvidan fácilmente y la fuerza de voluntad disminuye haciendo que sea extremadamente difícil cambiar la manera de pensar o el comportamiento.

Después de nuestra sesión, Robin fue a casa e informó a todos los hombres de su familia, incluido su marido, de que iba a volver a estudiar un curso sobre publicidad en Internet. Si querían comer, tendrían que cocinarse ellos mismos. Si querían ropa limpia, tendrían que aprender a poner la lavadora y la secadora. Y Robin se mantuvo firme en su decisión. Durante dos semanas su casa fue zona de desastre, con platos y ropa sucios por todas partes, pero luego el hambre y la necesidad de higiene hicieron que los hombres de su hogar se pusieran a la altura de la situación.

En el viaje del sanador hay que confiar en que, igual que la serpiente está protegida por la naturaleza cuando muda de piel, tus puntos débiles, más vulnerables, estarán a salvo sin los roles e identidades que descartes. Como era la estudiante más mayor de su clase, Robin estaba muerta de miedo al emprender su nueva dirección. Y tuvo que contenerse para no rescatar a su marido y sus hijos de su leonera. Sin embargo, reparar su hipocampo, el centro del cerebro asociado con los nuevos aprendizajes, le permitió no solo liberarse de sus viejos roles, sino también adquirir nuevas habilidades que le ayudarían a progresar como directora publicitaria más que a simplemente sobrevivir como ama de casa.

Robin y yo trabajamos también para cambiar su arquetipo de la Madre, de ver a esta como un pecho gigante alimentando a todo el mundo perpetuamente a verla como una madre jaguar enseñando a sus crecidos cachorros con garra firme para mostrarles cuándo es hora de abandonar la madriguera.

PARSIFAL Y LA SANACIÓN DE LO MASCULINO

La leyenda de Parsifal, caballero de la Mesa Redonda del rey Arturo, ilustra la búsqueda arquetípica de la totalidad y la sanación, la lucha por abandonar las identidades del pasado para evolucionar. Para Parsifal, el trabajo de la serpiente es sanar la masculinidad herida: encarnar una masculinidad nueva, más iluminada, integrando su feminidad interior –cualidades como la belleza, el sentimiento y el amor, que en la mayoría de los hombres yacen dormidas y tienen que ser despertadas activamente.

Un elemento central en la leyenda de Parsifal es el Santo Grial, el cáliz de Cristo. La encarnación de la feminidad sanada, el Grial, es el objeto de su búsqueda.

Según la leyenda, Parsifal –cuyo nombre significa «loco inocente»– era niño cuando su padre murió. Fue educado por su madre en los bosques de Gales, al abrigo de los hombres y sus modales guerreros. Pero en la adolescencia vio a un grupo de caballeros cabalgando por los bosques. Con sus armaduras brillantes y sus estandartes al viento, resultaban irresistibles para el muchacho. La necesidad de hacerse hombre y probar su valía se agitó en su interior, y Parsifal decidió seguir a los caballeros en la búsqueda del Grial.

La madre de Parsifal estaba angustiada ante la perspectiva de perder a su hijo. Quería que siguiese siempre siendo su niño, estando seguro en casa, a su lado. Sabía bien que si se convertía en caballero llevaría una vida de conflictos, peleando con enemigos en tierras lejanas.

—Si tienes que irte –le dijo–, prométeme que permanecerás casto y no harás preguntas, y que siempre usarás esta camisa hilada artesanalmente en casa para no olvidar a tu madre ni su constante amor.

Como era un hijo consciente de sus deberes, Parsifal estuvo de acuerdo con estas condiciones. Cuando se es joven, seguimos las directrices de nuestros padres y los dictados de nuestra cultura, sin percibir lo limitadores que estos roles prescritos pueden llegar a ser con el tiempo.

Parsifal se puso en marcha tras los caballeros, aceptando el reto de buscar el Santo Grial. Poco después de salir del bosque encontró a la doncella Blanchefleur –cuyo nombre significa «blanca flor»–, que estaba preparando un banquete de boda. Blanchefleur representa la energía femenina pura que existe dentro de cada uno, sea hombre o mujer. Parsifal tenía que reivindicar su amante interior, si había de convertirse en un hombre total. Pero con las palabras de su madre resonando en sus oídos, mantuvo su castidad y rechazó casarse con Blanchefleur, eligiendo en su lugar la vida del guerrero. Incluso hoy, nuestros jóvenes son iniciados en la guerra, no en el amor.

Siguiendo en su búsqueda, Parsifal encontró al Caballero Rojo, que acababa de llegar de la corte del rey Arturo, donde había dominado a todos. Cuando Parsifal le preguntó cómo podría convertirse en caballero también él, el

Caballero Rojo le mandó al rey Arturo. En la corte nadie tomaba en serio a Parsifal, y cuando pidió un caballo y la armadura del Caballero Rojo, Arturo sonrió.

—Si puedes derrotar al Caballero Rojo –le dijo– el caballo y la armadura son tuyos.

Para asombro de todos, Parsifal no solo retó al Caballero Rojo, sino que ganó el duelo y lo mató. Esto despertó al guerrero viril en él, pero detrás de su arrogancia, su masculinidad todavía no estaba plenamente formada. Debajo de su armadura aún usaba la camisa hilada artesanalmente en casa.

Tras ponerse en marcha de nuevo, Parsifal llegó a un castillo que resultó ser aquel en el que se encontraba el Santo Grial bajo la protección del legendario Rey Pescador. Herido en la ingle –algunas versiones dicen que debido a un mal uso de sus poderes sexuales–, el Rey Pescador representa al hombre cuya masculinidad está incompleta. Como era incapaz de procrear, su tierra era estéril y sus súbditos estaban descontentos. Esta es la condición del varón moderno, que no ha sido sanado por el Santo Grial, iniciado en el amor. Puede trabajar mucho para intentar que su familia sea feliz, pero es impotente para hacerlo y se siente no valorado y no querido.

El Rey Pescador le dio a Parsifal la espada del Grial. La espada representa el principio masculino, encargado de guardar el Santo Grial, la fuerza femenina. El Rey Pescador ofreció un banquete y al terminar de comer sacó el Santo Grial. Todo el mundo lo observaba ansiosamente, porque la leyenda decía que sería un joven inocente quien haría la pregunta «¿a quién sirve el Grial?» que liberaría el poder del cáliz sagrado, el elixir que cura toda herida. Lamentablemente, cuando la copa llegó a Parsifal, no la reconoció como el Grial.

Teniendo presente el ruego de su madre de que no hiciera preguntas, simplemente la dejó pasar. Para su mente no iniciada, el recipiente no era más que otra copa de vino.

Parsifal se despertó al día siguiente y encontró el castillo vacío y su caballo ensillado en el exterior. Al atravesar el puente levadizo, el castillo del Grial desapareció en la niebla que había a sus espaldas. Parsifal siguió adelante, rescatando damiselas en apuros y liberando castillos asediados, demostrando su valentía como caballero que realiza las habituales hazañas heroicas. En el castillo del rey Arturo, los caballeros de la Mesa Redonda le dieron la bienvenida. Pero, mientras estaban celebrando los triunfos de Parsifal, una bruja interrumpió el jolgorio. La anciana riñó a Parsifal por no haber hecho la pregunta del Grial, y por haber perdido así la oportunidad de liberar su poder sanador para beneficio de toda la humanidad. Aleccionado y ridiculizado por la anciana, Parsifal se puso en marcha para hallar el castillo del Grial de nuevo y rectificar su error. Pero durante años vagó sin éxito, como muchos hombres, que no pueden hallar un amor profundo y duradero o un sentido de plenitud.

Finalmente, ya anciano, Parsifal encontró un grupo de viajeros que le reprocharon que utilizase su armadura en un Viernes Santo, un día sagrado. El caballero se quitó la armadura, y al hacerlo, inmediatamente recibió indicaciones para volver al castillo del Grial. Allí, por fin –o eso esperamos, porque la historia termina antes de la conclusión– formuló la pregunta mágica, con lo que rompió el hechizo que había mantenido herida su masculinidad, como en el caso del Rey Pescador. Al beber del recipiente del poder femenino, puro, sanador, Parsifal se sintió completo. Solo cuando un hombre arroja su armadura, su máscara de guerrero, puede beber de la copa del Grial y ser sanado por el principio femenino divino.

El Santo Grial es lo que todos estamos buscando, hombres y mujeres por igual. El elixir que contiene puede aliviar las heridas infligidas por nuestra historia androcéntrica, violenta, y por los dictados de nuestros padres y nuestra cultura. Muchos de nosotros usamos armadura –un traje para los negocios, por ejemplo, o una actitud dura– y nos disponemos a guerrear cada mañana, liberando castillos asediados, pero sin recibir gratitud ni satisfacción por nuestros esfuerzos.

Mientras Parsifal permaneció atado a su pasado y a su identidad como guerrero, fue incapaz de evolucionar hacia el hombre que estaba llamado a ser. No pudo cumplir su promesa de recuperar el Grial, por lo que la gente sufría. Hombre o mujer, cuando finalmente dejamos caer lo que se supone que debemos ser y nos liberamos del miedo a la desaprobación, abrimos los ojos ante las nuevas oportunidades que encontramos. Ya no tenemos miedo de ser curiosos, de preguntar, de asumir riesgos. Pero antes debemos quitarnos la armadura y despojarnos de la camisa hilada a mano por mamá, que seguimos llevando en el interior.

No resulta fácil alejarnos de nuestros asuntos y nuestras batallas familiares –dejar la espada y arrojar la armadura emocional–, pero es un paso crucial en nuestra evolución. Sin dar este paso, no reconoceremos el Grial ni liberaremos su poder sanador.

Puede que ni siquiera nos demos cuenta de que seguimos representando el papel de guerrero incomprendido y poco valorado y que continuemos culpando a nuestros padres por las oportunidades que no tuvimos y por lo que no llegamos a ser. Pero, para romper esta identidad de víctima, tenemos que reconocer que también nuestros padres vivían en el mito de Parsifal, como lo hicieron sus padres y las generaciones anteriores. El viaje del sanador implica romper las cadenas de la culpa y pasar a un nuevo rol, escribiendo una nueva historia no solo para liberarnos nosotros, sino también para liberar a las generaciones futuras.

A lo largo de nuestras vidas continuaremos despojándonos de identidades cuando, como la piel de la serpiente, vayan quedándonos demasiado estrechas. Finalmente descubriremos que todos los roles son simplemente vestidos que colgamos en el armario, para ponérnoslos y quitárnoslos, cuando las circunstancias lo exigen.

Si has hecho el trabajo del sur y has encontrado tu Grial personal, eres libre para ser el soñador en lugar del soñado, el sanador en lugar del sanado, el creador de tu vida en lugar del recipiente pasivo. Al completar el viaje del sanador, te encontrarás frente a una nueva dirección en la rueda de la medicina: el oeste, el viaje del jaguar.

EJERCICIO:
QUEMAR VIEJOS ROLES E IDENTIDADES

La ceremonia del pequeño fuego es una práctica efectiva para reconfigurar el cerebro y desprenderse de roles e identidades antiguos para poder liberarse de las restricciones del pasado y seguir hacia adelante. Como toda práctica chamánica, requiere centrar la intención sobre lo que se está haciendo.

De otro modo, la ceremonia no tendrá mucha profundidad, ni significado, ni poder transformador. Tradicionalmente, esta ceremonia requiere un grupo de personas reunidas en torno a un gran fuego al aire libre, pero puede ser igualmente significativa como un rito en solitario dentro de casa.

Necesitarás una vela gruesa, al menos de ocho centímetros de alto, una caja de palillos de madera, cerillas y un recipiente que resista el fuego (si se quiere, se puede llenar parcialmente el recipiente con arena).

Enciende la vela, toma un palillo y mientras lo sostienes piensa en un rol o una identidad que ya no te sirva. Sopla suavemente sobre el palillo, visualizando cómo estás transfiriendo toda la energía de ese rol o esa identidad desfasados a ese trozo de madera. Después acércalo a la llama y cuando ya no puedas sostener cómodamente el palillo ardiendo, déjalo en el recipiente. Continúa soplando roles e identidades trasnochados a los palillos, hasta que hayas quemado todos los que necesites desprenderte.

La primera vez que hice este ejercicio comencé con el rol de padre. Cuando acerqué el palillo al fuego, agradecí a mi padre por todo el amor y todas las lecciones que había aprendido de él, aunque fuesen defectuosos. Ahora sé que lo hizo lo mejor que supo. Continué el ritual liberando el rol de hijo, y con una oración agradecí a mis hijos por haberme enseñado a ser un hijo y un padre. Después pasé a desprenderme de las identidades de marido, amante, sanador, víctima, etc., ¡hasta que hube quemado cerca de doscientos roles e identidades! Espero que tú tengas que quemar algunos menos.

Capítulo 10

EL VIAJE A LO DIVINO FEMENINO

HACER FRENTE AL TEMOR A LA MUERTE Y ENCONTRAR A LA DIOSA

Cierto día, mientras María se hallaba cerca de la fuente para llenar su cántaro, el ángel del Señor se le apareció diciendo: «Bendita seas, María, pues en tu seno has preparado una habitación para el Señor. Mira, una luz del cielo vendrá y morará en ti, y a través de ti brillará en todo el mundo».

Evangelio del pseudo-Mateo

La Madre divina, símbolo de lo femenino, se encuentra en todas las culturas, manifestándose como la Madonna, Kali o Quan Yin –incluso como la Sabiduría misma, madre de todos los Budas–. El chamán quiere encontrar a lo Divino Femenino en el dominio propio de lo femenino –en el mundo interior, rico, oscuro, al que viajamos cuando afrontamos nuestro temor a la muerte–. Este viaje se asocia con la dirección oeste en la rueda de la medicina, el lugar del sol poniente.

Cuando encontramos lo Divino Femenino en el mundo ordinario, somos golpeados por el asombro. Un hombre ve a la diosa en la mujer de la que se enamora –hasta que comienza a hacerle la vida imposible–. Cuando las mujeres encuentran lo Divino Femenino en el mundo, unas veces lo envidian y otras lo idolatran, en lugar de reconocer su belleza y su poder en el propio interior.

El cuento griego del atleta Acteón y Diana, diosa de la caza y de la luna, ilustra lo que ocurre cuando encontramos inesperadamente a lo Divino Femenino. Durante una cacería con sus perros y sus amigos varones, Acteón dejó a sus compañeros descansando y se fue a explorar una parte del bosque que nunca había visto. Llegó a un valle lleno de pinos y cipreses, con una prístina corriente de agua que fluía hacia una charca poco profunda. Allí, para su sorpresa y deleite, estaba la bella Diana, de pie, desnuda, mientras sus ninfas la bañaban. La diosa había dejado su lanza y su arco con el carcaj de flechas en la orilla, junto a sus sandalias y su ropa. Cuando las ninfas vieron a Acteón, se apresuraron a cubrir a Diana con sus cuerpos igualmente desnudos, intentando ocultar la forma divina de la mirada lujuriosa del joven mortal. Pero la diosa era mucho más alta que sus ninfas, y se mantuvo erguida orgullosa, revelando todo su cuerpo al cazador. Salpicando agua en su rostro, le dijo:

—Ahora puedes decir que has visto a Diana desnuda.

Con ello, de repente, brotaron cuernos en la cabeza de Acteón, su musculoso cuello se alargó y comenzó a cubrirse de pelos; sus brazos se convirtieron en patas y sus manos en garras. Pasmado, se alejó saltando, asombrado de lo rápidamente que podía correr. Sin embargo, cuando se detuvo, sin aliento, en una charca para beber, percibió su reflejo en el agua y vio que se había convertido en un ciervo. En ese instante oyó a sus propios perros ladrando y aullando, siguiendo su pista. Aterrorizado, huyó, pero pronto los perros estaban pisándole los talones, hasta que el primero de ellos le desgarró el costado. Acteón intentó llamarlos por sus nombres, pero de su garganta no salía más que un extraño sonido gutural. En un instante, los perros lo derribaron, le desgarraron el vientre y le destrozaron los órganos, mientras sangraba hasta morir.

Al convertir al lujurioso Acteón en un ciervo, símbolo de la virilidad y el poder masculino, la diosa lo transforma en la fantasía más salvaje del hombre –el semental omnifertilizador, el dios cornudo humano–. En el arte paleolítico antiguo, los chamanes se representaban como seres con cuernos, como «El Hechicero», en la famosa pintura de la cueva de Trois Frères, en Ariège (Francia". Todavía hoy nos referimos a los encuentros de solo hombres como fiestas de ciervos. Mientras tanto, la diosa se representa como concediendo todos los deseos –incluso los más profundos e inconscientes, los cuales, si no tenemos cuidado, pueden contener los elementos de nuestra desaparición.

ENCONTRAR AL JAGUAR

El sol se pone por el oeste, dando lugar a la cacofonía de la noche en la selva. En la oscuridad, una elegante pantera se desliza silenciosamente. Para el chamán, el jaguar es un poderoso símbolo de lo Divino Femenino. Sin predadores en la selva tropical, vive sin miedo, tomando de la selva solo lo que necesita para alimentarse y no más. No mata por codicia, ni por deporte, ni preocupado porque el abastecimiento de comida se agote. No compite por ser más, hacer más o realizar más. No necesita ponerse a prueba a sí mismo. El jaguar caza, explora y duerme cuando lo necesita, viviendo una vida segura y equilibrada.

Para los pueblos indígenas del suroeste de Estados Unidos, las selvas mexicanas y las alturas andinas, el jaguar representa el poder sanador de la Medicina del Espíritu, del mismo modo que el caduceo –el bastón con dos serpientes entrelazadas, coronadas por alas de águila– simboliza la curación para los médicos occidentales. De hecho, la primera civilización en las Américas, la de los olmecas de México, estaba tan fascinada con este gran felino que está representado en buena parte del arte olmeca, incluyendo muchas figuras que son medio humanas medio jaguar.

Para los mayas, el jaguar es un símbolo de muerte y de aceptación del papel de esta en el ciclo de la vida. Antes de la conquista española, los sacerdotes supremos mayas eran llamados balams –*balam* es la palabra maya para jaguar–, indicando que habían viajado a través de los dominios allende la muerte. Habían realizado el viaje simbólico al submundo, conquistado su miedo a la muerte y vuelto con el elixir de la inmortalidad. En nuestro viaje a lo Divino Femenino, encarnamos la sabiduría del jaguar, soltando nuestro miedo a lo desconocido y confiando en que lo que muere en nuestro interior lo hace porque necesita ser renovado para servir a toda la vida. Con el ciclo de vida y muerte se restablece la armonía. Todas las especies florecen como parte del equilibrio de la naturaleza.

Para nosotros, la promesa del jaguar es sentirnos en casa y seguros independientemente de cualquier peligro que nos rodee y vivir libres de enfermedades crónicas. Haciendo el trabajo del jaguar descubrimos que la vida nos proporciona todo lo que necesitamos. El jaguar nos da la confianza necesaria para apretar el paso y explorar audazmente, convencidos de que seremos conducidos hacia donde necesitemos ir y de que estamos moviéndonos en sincronía con el propósito de nuestra vida. Su energía nos proporciona equilibrio y salud, incluso si las cosas a nuestro alrededor se han puesto feas, nos vemos paralizados por el miedo y la confusión o tenemos que enfrentarnos a la perspectiva de una enfermedad debilitante. El jaguar nos devuelve nuestro poder y nuestra confianza y restablece nuestra salud. Y, si permites que te lleve lo suficientemente lejos, te conducirá al reino de la diosa, para recibir directamente su sabiduría.

Si completamos este paso en la rueda de la medicina, encontrando a la diosa y haciendo frente al temor a la muerte, podemos llegar a ser como el jaguar, viviendo con creatividad y gracia y experimentando bienestar y equilibrio. Podemos esperar vencer a la muerte, como los antiguos guardianes mayas de la sabiduría, y descubrir nuestra naturaleza eterna.

Para comprender esta idea de vencer a la muerte, necesitamos considerar la filosofía de los antiguos americanos. Ellos creían, como mucha gente lo cree todavía, que tenemos una esencia que continúa más allá de la muerte. Pero a diferencia de nuestro pensamiento religioso occidental, en el que la naturaleza eterna del alma se presupone, los chamanes de la antigüedad sostenían que la inmortalidad es solamente una semilla, un potencial que todos poseemos, pero que tenemos que despertar y potenciar para asegurar la continuidad de nuestra conciencia más allá de la muerte. Toda nuestra vida, por tanto, ha de estar dedicada a la práctica espiritual, para poder aprender «a dejar esta vida vivos», como dicen los chamanes de la Amazonia. Los mayas llamaban a este proceso *el despertar de tu cuerpo jaguar*, y los balams, los sacerdotes que lo habían dominado, eran los guardianes de sus profecías. El equivalente del cuerpo jaguar en el budismo tibetano es el cuerpo de luz. Una consecuencia de terminar el trabajo de la rueda de la medicina es hacer germinar las semillas de inmortalidad que llevamos dentro.

DESCUBRIR TU MORTALIDAD

¿Recuerdas la primera vez que pensaste sobre tu propia muerte? ¿La primera vez que te enfrentaste al hecho de que morirás? En la adolescencia nos sentimos inmunes a la muerte, creyendo que es algo que les ocurre a otros, pero que nunca nos sucederá a nosotros. Y así, después de unas cuantas cervezas, conducimos bajando por carreteras de montañas llenas de curvas, en un coche lleno de amigos, negando que las leyes de la física se apliquen a nosotros, mientras tomamos las curvas a toda velocidad, sin pensar ni por un momento en nuestra seguridad. Hasta que un día perdemos a alguien amado, tenemos un accidente o nos llevamos un susto relacionado con nuestra salud, y hacemos frente al hecho de que la muerte siempre ha estado a nuestro lado.

Realmente tenemos *dos* grandes despertares respecto a nuestra mortalidad. El primero es el que tiene lugar cuando caemos en la cuenta de que somos seres temporales y que algún día nuestro tiempo en la Tierra acabará. Si nos tomamos en serio este descubrimiento, a partir de ese momento sabemos que cada instante es precioso, y nuestras vidas cambian para siempre.

El segundo gran despertar ocurre cuando *dominamos* nuestro miedo a la muerte. Esto es la comprensión de que nuestra naturaleza es transtemporal –fuera del tiempo– e inmortal: continúa durante toda la eternidad. La comprensión de nuestra naturaleza eterna no puede ser meramente intelectual. Ha de ser una consciencia visceral, un saber a nivel celular. En muchas sociedades preagrarias hay un rito de iniciación para alimentar esta conciencia, un encuentro simbólico con la muerte en el que el iniciado experimenta la perfecta continuidad de la vida más allá de la existencia física.

Ya sea que invites conscientemente a la muerte en un rito iniciático o no, dominar el miedo a la muerte es tremendamente redentor; te libera para utilizar tus facultades creativas y encontrar armonía en el caos de la vida cotidiana. La cacofonía de la selva se convierte en música. Una tragedia se transforma en el fundamento de un modo de vivir nuevo y más pleno. Se comienza a visualizar una vida más enriquecedora para uno mismo y un futuro más sostenible para la propia comunidad. Se es llamado a servir a la Tierra y a todos los seres vivos, al cobrar conciencia de que seguiremos juntos durante eones venideros.

Una vez se ha realizado el trabajo del jaguar, los nuevos relatos que escribas para ti mismo serán potenciadores y vigorizantes, se extenderán más allá de la preocupación por tus necesidades inmediatas. Pero, atención, si tratas de acelerar el proceso, dejando de lado tu miedo a la muerte, sin reconocerlo, o creando barullo para imaginarte fuera de peligro lo más rápidamente posible, la iniciación será incompleta. El roce cercano de la muerte parecerá un descanso afortunado, no una invitación a descubrir tu naturaleza inmortal.

Los problemas que creías haber dejado atrás volverán muy probablemente en cuanto te deslices a comportamientos del pasado basados en el miedo. Cuando el reto del jaguar no se acepta, la vida se vuelve abrumadora, sin tiempo para lo que realmente importa.

Para dominar el miedo tenemos que hacer que vuelva a desempeñar su papel, el de primitivo sistema de advertencia de la naturaleza, no que sea un estado habitual, una manera de ser. El miedo nos alerta de posibles peligros a nuestro alrededor, preparándonos para responder adecuadamente. Pero cuando se instala en el sistema nervioso, en lugar de pasar a través de él, comenzamos a estar poseídos por él. El eje HPA se acelera enormemente. La vida se vuelve caótica a todos los niveles.

Desde el punto de vista de la biología, la salud se determina por el grado de armonía y complejidad del cuerpo. La naturaleza favorece la complejidad –el ser humano evolucionó desde un organismo unicelular hasta una criatura altamente especializada–. Pero la complejidad por sí sola no es capaz de crear la salud: el sistema ha de ser también coherente y armonioso. Cien personas tocando cien instrumentos distintos no hacen una orquesta. Para crear música, estos instrumentos tienen que tocarse con armonía. Cuanto más complejos y coherentes sean los sistemas corporales, más sano se estará. La variabilidad del ritmo cardíaco –la fluctuación que se produce naturalmente en el ritmo de los latidos del corazón– es una medida de salud completa. Cuanto más variable sea el ritmo cardíaco, más sano el corazón, y cuanto más armoniosamente trabajen juntos todos los sistemas corporales, mayor la resiliencia y la salud.

Esta comprensión de la coherencia y la complejidad se refleja incluso en la salud a nivel célular. Las células que funcionan ordenadamente crean salud, mientras que las que lo hacen desordenadamente vuelven a un estado primitivo y comienzan a formar tumores. Las células caóticas roban alimento del cuerpo, y a diferencia de las sanas, se niegan a morir. Desafían las instrucciones de las mitocondrias –las estructuras de las células que controlan «el reloj de la muerte» de estas– para morir, de modo que células más jóvenes y más vitales puedan sustituirlas. Cuando las células pierden su complejidad, ya no pueden alimentarse de grasas saludables, sino solo de azúcares –por ello eliminar todos los azúcares y carbohidratos de la dieta es tan importante para curar el cáncer y otras enfermedades.[31]

Al multiplicarse las células cancerosas del cuerpo, crean una gran confusión, llegando incluso a matar al anfitrión que las alimenta. Y lo que ocurre a nivel celular se refleja en lo que sucede en tu vida si te niegas a aceptar los finales como una parte natural de la vida. Cuando el miedo a la muerte se vuelve dominante, determina cómo serán tus experiencias, y finalmente te exprime la vida.

FINALES, TRANSICIONES Y COMIENZOS

Tenemos que dejar de aterrorizarnos por la transición que la muerte de lo viejo anuncia. El miedo a la muerte –ya sea del cuerpo, de una manera de pensar, de una relación, una situación o un sueño– ha de experimentarse plena y conscientemente y luego superarse para que pueda tener lugar un desarrollo nuevo, sano.

Con tan solo doce años, Annie era la paciente más joven de cáncer con la que había trabajado. Sus padres la habían traído a verme con la esperanza de que la Medicina del Espíritu invertiría el proceso de su cáncer cerebral. Habían probado toda intervención médica posible, sin resultados, y esperaban encontrar en mí la cura que no habían hallado en ninguna otra parte. Annie había perdido todo su cabello debido a la quimioterapia y parecía un joven y sonriente Buda cuando se sentaba en el gran butacón de piel de mi despacho.

Les expliqué a los padres de Annie la diferencia entre curar y sanar. Curar es eliminar los síntomas, mientras que la sanación funciona a un nivel mucho más profundo, tratando las causas del desequilibrio que conducen a la enfermedad. Y mientras que la cura es el resultado ideal de la intervención médica, la sanación es el producto de un viaje en el que todos los aspectos de la vida de uno se transforman –incluso si se termina muriendo; el yo sanado se lleva a la próxima vida.

Les pedí a los padres de Annie que se sentaran fuera, en la sala de espera, para poder estar a solas con ella. Después de intercambiar unas pocas palabras, me dijo rotundamente:

—Yo no tengo miedo.

Siguió hablando y me contó que unos ángeles venían a ella cada noche en sus sueños –y a veces incluso durante el día–. Sin embargo, sus padres estaban muertos de miedo por ella. Annie dijo que no podía hablarles de los ángeles. Pero pensó que yo lo entendería. Y lo hice. Sentí que los velos entre los mundos se habían rasgado para ella y que su espíritu se estaba preparando para el gran viaje a casa. A pesar de ello, sus padres estaban comprensiblemente decididos a hacer todo lo posible para ayudar a Annie a vivir, y esto significaba intentar liberarla de su cáncer llevándola de un especialista a otro y finalmente, como último recurso, a mí.

He sido chamán practicante el tiempo suficiente como para comprender que la muerte es una parte de la vida. Y he visto que algunas de mis sanaciones más exitosas consistían en ayudar a mis pacientes a morir de manera pacífica y consciente. De modo que realicé una iluminación sobre Annie, para ayudar a equilibrar su campo de energía y así también su cuerpo. La iluminación es la práctica sanadora central de la medicina energética chamánica, en la cual el campo de energía luminosa se limpia de las huellas de la enfermedad para ayudar a movilizar los sistemas sanadores del propio cuerpo.

Los médicos de Annie no le habían dado mucho tiempo de vida. Pero yo sé que la muerte es un portal a la continuación de la vida en el mundo del Espíritu. Trabajé con sus chakras, limpiándolos de energías pesadas que había acumulado en ellos, ayudándole a aligerar su carga energética para el gran viaje que tenía delante de ella. Mientras descansaba acostada en mi camilla de trabajo, entró en un sueño profundo, aunque su cuerpo se sacudía al liberar energías aferradas a sus chakras.

Al final de nuestra sesión, Annie volvió al sillón de piel, que casi parecía tragársela, con una sonrisa en los labios.

—¿Voy a estar bien? –me preguntó, y ambos sabíamos de qué estábamos hablando. Yo había percibido ángeles en la habitación mientras realizaba la iluminación.

—Sí –le aseguré–. Vas a estar muy bien.

Y luego me preguntó cómo podía ayudar a su padre y a su madre.

—Tienen mucho miedo –dijo. Siempre me quedo asombrado de la sabiduría de muchos niños, e igualmente perplejo por la falta de sabiduría de tantos adultos.

Cuando los padres de Annie volvieron a la habitación, nos encontraron a los dos sonriendo. Les hablé del gran trabajo que su hija había hecho. Les sugerí que eliminaran el gluten de su dieta, así como el azúcar, la leche y todo tipo de alérgenos. Luego les recomendé que tomara ácidos grasos omega-3 diariamente, para ayudarle a reconstruir las regiones del cerebro que habían sido dañadas por la quimio. Nunca es más importante tener tu cerebro en perfectas condiciones que cuando estás llegando al final de tu vida. El sistema nervioso ha de estar funcionando de la manera más ordenada posible para pasar conscientemente al mundo del Espíritu.

Supe que Annie había fallecido meses después, con una sonrisa en los labios, en brazos de sus ángeles.

EL AMOR Y EL ABANDONARSE

El sotobosque en la selva no puede crecer a menos que la tierra se llene de los cuerpos caídos de plantas muertas. Incluso el jaguar morirá, alimentando al árbol que alimentará al mono con el que otro jaguar se dará un banquete. El equilibrio de la vida en la selva no sería posible sin la muerte, igual que no podemos vivir en un estado de armonía con nuestro entorno a menos que los finales sean parte de nuestras vidas. Las criaturas han de morir para que nuevas criaturas nazcan. La muerte y la vida están siempre en equilibrio.

El trabajo del jaguar nos ayuda a encontrar un equilibrio entre, por una parte, comprometernos con la vida agresivamente y aprovechar las oportunidades cueste lo que cueste y, por otra, enfocar la vida con aceptación y receptividad para poder entregarnos a un proceso creativo más grande que nosotros. Es una delicada danza entre la energía masculina, agresiva, y la energía femenina, receptiva. El jaguar nos enseña que tenemos que dejar de acaparar, de tener más de lo que necesitamos, porque la Madre Tierra nos proporcionará abundancia. Podemos confiar en que lo que hay más allá de un recodo ciego puede realmente ser mejor que lo que vemos ahora.

El trabajo del jaguar nos permite dejar de aferrarnos al pasado y vivir de manera más optimista e imaginativa. En lugar de preocuparnos por la puesta de sol, podemos disfrutar de las estrellas de la noche y esperar el nuevo amanecer en el momento oportuno. La obsesión con la pérdida de lo que tenemos –nuestra juventud, nuestras pertenencias, nuestros seres queridos, nuestra salud– comienza a disiparse. Nuestra relación con la muerte se vuelve más sana.

La entropía es la ley de la física que dice que todo en el universo tiende hacia el caos y el desorden, hacia la descomposición y la muerte. El desorden y la desorganización momentáneos constituyen el necesario preludio de la reorganización a un nivel superior. Esto es lo que experimentamos cuando comenzamos una nueva relación, una nueva carrera o un nuevo plan de salud. El cambio encierra peligros, pero también el potencial para que algo nuevo –y mejor– nazca.

En el oeste de la rueda de la medicina, tenemos que habérnoslas con el ciclo de destrucción y muerte, el orden natural del universo. Percibimos a un nivel profundo que el caos creativo puede conducir a un mayor equilibrio y una mayor armonía. En el hinduismo, el ciclo de destrucción y renacimiento está representado por la Trimurti, las tres principales divinidades que controlan el cosmos: Brahma, el creador; Vishnu, el preservador, y Shiva, el destructor.

Una vez hacemos frente a nuestro miedo y tenemos la experiencia del sentido de pérdida y desesperación en cada hueso de nuestro cuerpo, sin negarlo ni huir de ello, el miedo se disipa. Entonces podemos sumergirnos en el caos de la creación, la sopa primordial de la que brota nueva vida. No vale meter precavidamente los dedos de los pies en la piscina: la inmersión total es el único modo de experimentar la iniciación plena a un nuevo modo de ser y de percibir. Al permitirnos sentir verdadero terror ante lo desconocido, podemos abandonar la seguridad de la orilla y sumergirnos en aguas desconocidas, conscientes de los riesgos, pero estimulados por las posibilidades.

Muchos de nosotros dudamos de si entregarnos plenamente al amor de otra persona porque tememos perderla. Cuando tenía veintitantos años, casi treinta, después de sufrir lo que llamé un desengaño crónico, me prometí nunca más implicarme en una relación amorosa profunda. El dolor de perder a la persona a la que estaba tan profundamente apegado era demasiado grande para soportarlo. Y luego, después de dos años emocionalmente estériles, me di cuenta de lo inútil que era mi promesa. El amor no puede asegurarse. Un día, después de leer un poema de Rumi, decidí hacer frente a mi miedo. Rumi le decía a su Amada: «Pues yo he dejado de existir; solo tú estás aquí». Esto era justo lo contrario de lo que había buscado en todas mis relaciones anteriores. Mi mantra en aquel momento era: «Pues tú has dejado de existir; solo yo estoy aquí». Poco a poco empecé a comprender, como hizo Rumi, que en realidad todo amor es, en el fondo, un anhelo del Espíritu –del verdadero Amado– y que mi miedo más profundo no era perder a mi compañera, sino nunca encontrarme a mí mismo.

EL RETORNO DEL MUNDO INFERIOR

Superar el miedo que nos impide un nuevo sueño es un tema universal en la mitología. Comprender los viajes míticos de muerte y resurrección puede ayudarnos con el trabajo del jaguar.

En la mitología griega, el inframundo era un lugar complejo, lleno de espíritus malvados, ríos con poderes mágicos y una reina que gobernaba el sombrío reino y conocía sus secretos. Entre los mortales que, según la leyenda, entraron en el inframundo vivos y salieron ilesos, se hallaba Hércules, que tenía la fuerza suficiente como para dominar al can Cerbero, guardián con tres cabezas.

La valentía y la fuerza le permitieron a Hércules sobrevivir a lo que parecía una misión fatal. Hace falta coraje para permanecer con el miedo y respirar a fondo la emoción más que huir de ella o intentar someterla. Pero cuando la valentía se convierte en bravuconada, puede ser nuestra perdición, como lo fue para el músico Orfeo. Después de que su mujer, Eurídice, muriese y fuese llevada al Hades, Orfeo descendió al inframundo en su búsqueda. Allí, con su dulce música, persuadió al rey Hades y a la reina Perséfone para que permitieran a Eurídice volver a la tierra de los vivos. Pero justo cuando alcanzaron el umbral, Orfeo, desobedeciendo a Hades, miró hacia atrás, para ver a su amada. En ese momento, ella desapareció para siempre en el sombrío reino. Orfeo sobrevivió, pero su amor se perdió para siempre.

PSYCHE Y SU VIAJE AL INFRAMUNDO

Para encontrar el poder sanador de lo Divino Femenino, podemos mirar a otra mortal, Psyche, que descendió al inframundo y sobrevivió. *Psyche* es la palabra griega para *alma*, y su historia describe el viaje que todos, hombres y mujeres, tienen que emprender si quieren derrotar a la muerte y ser iniciado en el amor. La hija más joven y amada de un rey, llamada Psyche, era tan querida por todos que Afrodita, diosa del amor, se puso celosa y alejó a todos sus pretendientes. El rey consultó un oráculo, y este le dijo que tenía que atar a su hija a una roca para ser cortejada por la Muerte y casarse con él, un horrible monstruo. El mito nos dice que la parte joven, inocente, de nosotros mismos –llena de ideas frescas y de los cambios que estas traen consigo– amenaza a los modos antiguos. El reto de Psyche fue hacer frente a la Muerte, lo cual hizo, pero no del modo como ella pensó que lo haría.

Afrodita envío a su hijo Eros para que lanzara una flecha de amor a Psyche, de modo que la muchacha se sintiera irresistiblemente atraída por la Muerte. Sin embargo, justo cuando Eros estaba a punto de llevar a cabo los deseos de su madre, se distrajo tanto a causa de la belleza de Psyche que se pinchó con una de sus propias flechas y quedó enamorado, él mismo, de ella. Arrastró a Psyche a su casa en las montañas, desafiando las amenazas de su madre, la cual pensaba que la belleza y la vitalidad de Psyche tenían que ser destruidas. Como señala el mito, esto es precisamente lo que el miedo a la muerte y a las pérdidas puede hacer –destrozar nuestra belleza y nuestra vitalidad.

Eros era amable y cariñoso con Psyche, con una salvedad: ella no tenía que mirarle a él nunca. Como no quería revelarle que era un dios, se acercaba a ella solo al anochecer. Psyche estuvo de acuerdo con las condiciones y disfrutó con su marido, al que nunca había visto. Pero cuando sus hermanas fueron a verla, envidiosas de la buena suerte de Psyche, la convencieron para que desobedeciese sus órdenes.

—¿Y si es un monstruo? –le preguntaron.

Psyche no había tenido miedo de lo desconocido antes, pero tras las advertencias de sus hermanas, el miedo se apoderó de lo mejor de ella. Se fue a dormir con un plan, y después de hacer el amor con su marido, encendió rápidamente una luz para poder ver su rostro y su figura. Descubrió al bello Eros durmiendo dulcemente, y se alegró mucho al ver que no era un monstruo en absoluto. Pero entonces una gota de aceite caliente de la lámpara cayó en el hombro de Eros y se despertó. Furioso porque Psyche le había desobedecido, se fue.

Al sucumbir al propio miedo por la presión social de sus hermanas, Psyche destrozó su feliz vida. Suplicó ayuda a los dioses, pero todos temían a Afrodita. De hecho, los dioses no son de ayuda, pues están atados a la tradición y a las maneras antiguas. Le dijeron a la destrozada Psyche que la única manera de corregir la situación era obtener los favores de Afrodita. Aunque aterrorizada, aceptó su consejo y se acercó valientemente a su suegra. Estaba lista para el trabajo en el oeste: hacer frente a sus miedos y superarlos.

Ahora bien, Afrodita estaba furiosa por el hecho de que Psyche se hubiese atrevido a acercarse a ella. La diosa agarró a la joven por los cabellos y le aplastó la cara contra el suelo. Le asignó cuatro tareas imposibles, que tenía que completar si quería que su marido volviese. La primera era ordenar un enorme montón de semillas antes de que cayese la noche. Si no lo lograba, moriría. Esta tarea representa nuestro miedo a que el tiempo se agote. ¿Cómo tendremos tiempo para realizarlo todo en nuestra vida? ¿Cómo podemos discriminar lo que es importante de lo que no? ¿Dispondremos de bastante tiempo para lo que realmente nos importa? Con la ayuda de una colonia de hormigas que perseveraron durante toda la noche, Psyche se las arregló para terminar la tarea. Las hormigas representan la ayuda que siempre está disponible para nosotros, si la buscamos. Nadie puede hacer lo aparentemente imposible solo.

La segunda tarea consistía en cruzar un río y recoger la lana de los feroces carneros mágicos que se hallan pastando en un campo. Los carneros representan nuestro miedo a los adversarios más poderosos que nosotros. Todos tenemos que hacer frente a esos adversarios en forma de jefes, familia y otras obligaciones de la vida. Una vez más, Psyche completó la tarea con ayuda. Los juncos que crecían en la orilla del río le dijeron que esperase hasta el anochecer, cuando los carneros duermen, y entonces podría recoger la lana que se había quedado atrapada en los juncos cuando los carneros se frotaban en ellos, sin correr el riesgo de ser descubierta por el rebaño. Permitiendo que la situación se resolviera por sí sola, Psyche se libró de la necesidad de crearse un enemigo que fácilmente la dominaría.

La tercera tarea era llenar una copa de cristal con agua de la fuente del río Styx, un manantial sagrado en lo alto de la montaña, protegido por dragones que no duermen. Esta era una tarea imposible para un mortal. Hasta los dioses desconfiarían de ella. A lo largo de nuestras vidas todos tenemos que hacer frente a tareas aparentemente imposibles. Y cuando tememos no ser lo suficientemente inteligentes, buenos, fuertes o valientes para arreglárnoslas, estamos, como Psyche, haciendo frente a lo inalcanzable. Ella se desesperó, hasta que apareció un águila, tomó la copa en sus garras, voló a la cima de la montaña, llenó la copa con agua del manantial sagrado y se la devolvió, ayudándole a cumplir la sobrehumana tarea. El águila, planeando en las alturas celestiales, representa la visión global, la atención al horizonte más amplio, aquello que necesitamos para superar nuestros miedos, junto con el atrevimiento a ir adonde los pájaros ordinarios nunca volarían. Del mismo modo, la promesa de la Medicina del Espíritu puede ayudarnos a superar nuestro miedo a enfrentarnos a la incertidumbre y a apuntar alto, mientras pasamos por el proceso iniciático. Como las hormigas y los juncos, el águila representa las fuerzas provistas por el universo para ayudarnos, los acontecimientos sincrónicos que tienen lugar en nuestras vidas cuando tenemos el coraje de correr riesgos, a pesar de nuestro miedo.

La cuarta tarea de Psyche era descender al inframundo y pedirle a Perséfone un poco de su preciosa crema de belleza para dársela a Afrodita. Aterrorizada más allá de lo decible, Psyche decidió arriesgar su propia vida, con un billete de solo ida, al reino de los muertos. Subió a una torre de piedra abandonada y estaba a punto de saltar cuando la torre le dijo dónde encontrar la entrada al inframundo, además de aconsejarle que llevase dos monedas y dos pasteles de cebada con ella y que ni aceptase ayuda de las sombras que encontrase ni le ofreciera su ayuda a nadie, aunque se la pidiesen. Este es el consejo más valioso que pueden darnos en un viaje para conquistar la muerte. Debemos portar dones –nuestras habilidades y fortalezas, nuestras cualidades como la generosidad y la compasión– y tenemos que ser muy cuidadosos para ver a quién pedimos ayuda. Incluso amigos que quieren lo mejor para nosotros a menudo no pueden ofrecernos, o no nos ofrecerán, de hecho, la ayuda o el consejo que necesitamos. Aunque estuvo tentada de ayudar a las sombras que la llamaban a gritos, Psyche siguió los consejos de la torre e ignoró sus ruegos. Pagó a Caronte, el barquero; alimentó al perro guardián, Cerbero, y aceptó solo un tentempié, no un banquete, de Perséfone. Finalmente, logró con éxito el tarro de crema de belleza para Afrodita. A pesar de su impulso de ayudar a otros, Psyche se mantuvo centrada en su tarea, igual que nosotros tenemos que centrarnos en nuestra propia iniciación y no permitir que las necesidades de otros nos desvíen, como una manera de evitar el trabajo interior que tenemos que hacer.

Psyche estaba a punto de completar con éxito sus tareas cuando, como Orfeo, cayó en la tentación. Echó un vistazo dentro del tarro que llevaba e inmediatamente cayó dormida. En su impaciencia, intentó acelerar el proceso de la iniciación, y como resultado se deslizó hacia un estado de inconsciencia. Su desliz nos sirve como aviso de precaución mientras completamos las lecciones del jaguar. En versiones más antiguas del mito, Psyche vuelve al mundo con la crema de belleza intacta, pero los dioses se ponen celosos y se la quitan, garantizándole la inmortalidad, para evitar que comparta el secreto de la eterna juventud con otros humanos. En otra versión, no todo se perdió: Psyche fue rescatada por Eros –la fuerza del amor romántico y sexual que tiene el poder de devolver la vida–. En cuanto a Afrodita, ella siempre había sabido que el tarro no contenía ninguna crema de belleza, sino el elixir de la inmortalidad. El sueño profundo de Psyche representa la muerte de su antiguo y limitado sentido del yo. Al despertar, Zeus le concedió la inmortalidad.

Para nosotros, lo más significativo del relato de Psyche es su iniciación en el inframundo. Tuvo que hacer frente a su miedo a la muerte para poder transformar su vida.

Toda iniciación supone un viaje al reino de la Muerte y un encuentro con lo Divino Femenino, del que se vuelve renovado. No se trata del cambio superficial procedente de pequeños ajustes en la vida. El viaje a lo Divino Femenino, como la búsqueda del Grial en el caso de Parsifal, es exigente. Se tiene que soportar el miedo a descender al inframundo y permanecer allí en profunda reflexión, antes de poder emerger a la luz y la claridad. Si uno cree que lo que trae es solo bálsamo para sus heridas, no ha entendido nada. La crema no es una vulgar crema para las arrugas –o un *souvenir* parecido, como una camiseta o una gran bolsa con el eslogan «¡Fui al Hades y regresé!»–. La crema de belleza aporta rejuvenecimiento y reinvención. El elixir de la inmortalidad es el premio por completar el trabajo del oeste.

No hay que acelerar el proceso de iniciación. Dominar el miedo a la muerte es un proceso que dura toda la vida. Los retos y las pruebas pueden ser abundantes, aunque con cada uno el camino se hace más fácil.

Una vez has reivindicado la capacidad de reinventarte, estás listo para la siguiente dirección en la rueda de la medicina, el norte. Allí aprenderás a mantener la quietud y el silencio, para poder recuperar los aspectos perdidos de tu alma.

MEDITAR CON EL JAGUAR

Los jaguares son maestros de meditación. ¿Has visto alguna vez un gato holgazaneando al sol? Los felinos conocen la relajación perfecta. Un jaguar de la selva tropical se cuelga de las ramas inferiores de un árbol y ve pasar el mundo, sin ser molestado por los monos, completamente tranquilo, pero totalmente alerta, solo moviendo la punta de su rabo de un lado a otro. El jaguar nos enseña a relajarnos. Relájate profundamente (intenta explicarle a tu gato que hay cosas importantes de las que preocuparse).

Hoy comprendemos que buena parte del desequilibrio de nuestros cuerpos está causado por nuestra incapacidad para reducir y eliminar la tensión. Nuestro sistema nervioso simpático está diseñado para proporcionarnos los reflejos de «luchar o huir» cuando estamos en peligro. Y cuando el sistema se activa, no podemos relajarnos ni unos segundos. El cortisol y la adrenalina fluyen a nuestra corriente sanguínea para darnos una inyección de energía y poder hacer frente a los retos. Pero estas poderosas sustancias químicas no están pensadas para recorrer nuestro cuerpo más que durante un breve espacio de tiempo. Si realmente estamos en peligro, luchamos o huimos, y luego nos recuperamos rápidamente, a medida que la adrenalina y el cortisol se reabsorben en el sistema corporal y la respiración vuelve a ser más lenta, hasta normalizarse. Sin embargo, cuando nos encontramos en un estado de gran alerta, de manera crónica, paralizados por la ansiedad, hay niveles tóxicos de cortisol que quedan en el cuerpo, causando inflamación, dañando las neuronas y, finalmente, provocando enfermedades. En lugar de dominar nuestro miedo a la muerte, es este el que nos controla a nosotros. Nuestro jaguar se ha subido a las ramas más altas del árbol, como un gatito aterrorizado –y somos incapaces de llamar a los bomberos para que lo bajen.

Todos moriremos algún día; pero no tenemos por qué experimentar el deslizamiento hacia la muerte de manera prematura. Podemos dominar nuestro miedo a la muerte, de manera que nuestras vidas no estén dictadas por el terror y no estemos constantemente respondiendo como si una bestia salvaje estuviera dispuesta a saltar sobre nosotros a cada instante. Podemos volver a un estado de equilibrio, de relax, de calma, activando nuestro sistema nervioso parasimpático para que la glándula pineal pueda producir las moléculas del espíritu, y ser elegantes jaguares, saboreando nuestra recién descubierta sabiduría visceral acerca de la naturaleza infinita de la vida.

Capítulo 11

EL VIAJE DEL SABIO

LOGRANDO LA QUIETUD EN EL AIRE

[Contempla] todas estas maravillas que nadie antes ha visto... Contempla ahora... el universo entero, lo que se mueve y lo inmóvil, y todo lo que puedas desear ver, todo concentrado en Mi cuerpo... Pero con esos ojos físicos no puedes verme. Te concedo un ojo divino; contempla ahora el supremo poder de mi yoga.

BHAGAVAD GITA

Cuando los antepasados de los pueblos nativos de las Américas emigraron de Asia, hace más de treinta mil años, trajeron consigo un cuerpo de sabiduría de su larga residencia en las montañas de los Himalayas. Según los arqueólogos moleculares, que siguen la pista a las variaciones del ADN mitocondrial, una docena, más o menos, de valientes viajeros atravesaron las grandes planicies desde Siberia hasta Beringia, una masa de tierra que cubría lo que hoy es el estrecho de Bering, entre Rusia y Alaska. Luego, descendieron a través de América del Norte y América Central hasta los Andes, y desde allí siguieron descendiendo hasta la Tierra de

Fuego, en la punta inferior de América del Sur. A lo largo del camino construyeron moradas en las colinas y ciudadelas entre las nubes, como Machu Picchu. Por ello, en la mitología andina, el norte es la dirección de los antepasados. El camino del sabio se asocia con este punto cardinal en la rueda de la medicina y con prácticas muy antiguas de quietud y silencio.

El norte no es solo la dirección de los grandes sabios del pasado y de nuestros antecesores biológicos, sino también donde experimentamos la calma en medio de la actividad furiosa. La Estrella del Norte es el único punto estable en un firmamento en movimiento. Y, en la mitología de los nativos americanos, el norte se asocia con el colibrí, que parece estar completamente quieto aunque bata sus alas rápidamente para permanecer suspendido en el aire. Algunas especies de colibríes emigran desde Canadá hasta Sudamérica cada otoño, volando miles de kilómetros sobre el vasto océano. De modo que del colibrí aprendemos también que con la quietud llega la capacidad de ir audazmente hacia territorios inexplorados y de hacer de nuestras vidas un viaje épico, independientemente de cuántos océanos tengamos que cruzar.

El camino del sabio afina nuestra capacidad de trascender la incesante actividad de la mente, obsesionada con los retos, los dramas y los detalles mundanos de la vida, y permanece en paz, pase lo que pase en nuestro interior o alrededor de nosotros. Empezamos a ver orden en el corazón de la incertidumbre y tranquilidad en el ojo del huracán. Al abandonar las ideas fijas acerca de cómo deberían ser las cosas, podemos disfrutar observando cómo los planes se manifiestan y se disuelven de modo caleidoscópico, ordenándose y reorganizándose según los caprichos de la vida cotidiana.

Es en el norte donde aprendemos a abrazar el proverbio yidis «el hombre planifica, Dios ríe».

El recién descubierto sentido de paz interior que surge al completar el trabajo correcto es el resultado directo de un cambio radical de conciencia. Solo cuando hemos dejado de codiciar y desear, de esquivar los problemas y de preocuparnos por ellos, de esforzarnos y de luchar, hallamos una cierta ecuanimidad. En la quietud, podemos acceder a la sabiduría de los ancestros. Esta es la sabiduría que Psyche recuperó de Perséfone, un conocimiento que solo adquirimos en el mundo no-ordinario, donde experimentamos la eternidad en cada célula de nuestro ser. El regalo del norte es la quietud en el movimiento.

Desde la perspectiva de la neurociencia, la sabiduría del norte se asocia con el neocórtex, que nos permite sobrevivir sin los dientes y las garras de animales más fuertes y hábiles, y más tarde descubrir las maravillas de la ciencia, poniendo en órbita el telescopio espacial *Hubble* y formulando la teoría de cuerdas para explicar de qué está hecho el universo. Empaquetadas en las densas redes neuronales del neocórtex hay áreas del lenguaje, de la atención, de la conciencia, así como otras para la apreciación de la belleza y la capacidad artística. El neocórtex reveló sus dones por primera vez hará unos cincuenta mil años, cuando nuestros antepasados comenzaron a pintar las representaciones místicas de su mundo en los muros de cuevas en Lascaux (Francia) y en Altamira (España). No obstante, la capacidad racional del neocórtex, si se utiliza de manera poco sabia, puede crearse también para hacer guerras y sembrar destrucción –un poder destructivo que probablemente se desató poco después de que el *Homo sapiens* descubriera las pinturas de las cuevas, ya que eliminamos a nuestros primos neandertales.

Pero, una vez hemos domado el instinto guerrero durante el viaje del sanador en el sur, el neocórtex está libre para apoyar nuestros instintos y nuestras aspiraciones superiores. Nos mueve hacia los sentimientos de gozo, de compasión y de empatía –sentimientos que nos elevan más allá de los chismes morbosos de quién le hizo qué a quién, que ocupan el cerebro más primitivo.

Los dones del norte nos resultan accesibles cuando nos detenemos y vemos que hemos estado yendo a cien por hora, sin llegar a ninguna parte, y haciendo mil cosas sin conseguir nada. Al principio, el camino del sabio en el norte parece la dirección más fácil de dominar en la rueda de la medicina, a la vista de las instrucciones: ¡ponte cómodo!, ¡relájate!, ¡disfruta de la visión! Pero no se puede llegar al norte sin sanar el lado masculino en el sur y viajar más allá de la muerte para encontrar lo Divino Femenino, en el oeste. Y cuando se llega al norte, probablemente se encontrará que no hacer nada es más difícil de lo que parece. Y permanecer quieto no es un fin en sí mismo, sino la base necesaria, la práctica fundamental para presenciar la totalidad del universo y experimentar la vastedad de la creación. En el viaje del sabio adquirimos el ojo divino que nos permite comprender la naturaleza entera de la creación. No obstante, adquirir esta forma de visión requiere quietud.

Con nuestras agitadas vidas actuales, permanecer quieto parece poco menos que imposible. Estamos tan acostumbrados a realizar múltiples tareas y a depender de una continua información procedente de nuestros aparatos digitales que aquietar la mente durante más de unos pocos segundos es una tarea hercúlea. Incluso cuando meditamos, centrándonos en nuestra respiración, no podemos resistir el impulso de rascarnos cuando nos pica, ajustar la postura o maldecirnos por no haber puesto en silencio nuestro móvil.

Saltar de una parte a otra constituye la naturaleza de la mente, y la mente hiperactiva ha sido el foco de atención de los maestros de meditación desde tiempos antiguos. Pero actualmente nuestras mentes son más inquietas todavía; saltan continuamente de un tema a otro, con la velocidad vertiginosa de una película de acción. Sin embargo, si se lentifica la película interior y se aquieta el barullo interno, se podrá acceder al inmenso depósito de sabiduría que es el banco de memoria ancestral de la humanidad.

En el norte aprendemos que lo que llamamos realidad es una ilusión, si bien una ilusión que estamos recreando todos juntos a cada instante –«¿Qué es la realidad, al fin y al cabo? Nada más que una corazonada colectiva», como dijo la comediante Lily Tomlin–. Llegamos a darnos cuenta de que el universo nos reenvía perfectamente, como un reflejo, nuestras creencias, nuestras intenciones, nuestra sinceridad. *Lo que es* es el producto del mapa de la realidad que llevas dentro de ti. Si quieres cambiar tu experiencia, necesitas cambiar el mapa.

Los neurocientíficos creen que este mapa está incrustado en las redes neuronales del cerebro. Los chamanes piensan que reside en la topografía del campo de energía luminosa. Pero, independientemente de donde resida tu modelo del mundo, para producir cambios en tu mundo necesitarás mejorar la calidad de tu mapa –cambiar el modelo desfasado por uno mejor. Si, como la mayoría de nosotros en esta cultura, descansas en un mapa lleno de miedos, atrapado en la escasez y la violencia, para navegar por la vida, para abrirte a la Medicina del Espíritu será preciso que lo sustituyas por un mapa amplio y liberador, que incluya al universo entero. Esto es lo que el guerrero Arjuna descubre en su diálogo con el dios Krishna, que constituye el relato central del *Bhagavad Gita*, un antiguo texto hindú.

ARJUNA: EL RETO DE PERMANECER SERENO Y ENCONTRAR A DIOS

El *Bhagavad Gita* se escribió en una época en la que el subcontinente índico estaba plagado de conflictos entre familias reales. Al comienzo del relato, el arquero Arjuna se está preparando para guerrear contra un formidable ejército de familiares suyos. El karma de Arjuna, su deber, es combatir, pero siente un profundo conflicto ante la idea de luchar contra sus propios parientes. La guerra en esta leyenda es una metáfora de los retos que surgen al hacer frente a los conflictos de la existencia humana, y Krishna, al aconsejar a Arjuna, imparte una sabiduría atemporal para aquietar el torbellino interno al que todos nos enfrentamos. Solo cuando calmamos la guerra interna podemos recibir la sabiduría del universo.

Arjuna le pide a gritos a Krishna, quien está actuando como su auriga, que le ayude a evitar la batalla, la cual, sin duda alguna, terminará con muerte y sufrimiento para todos. Justo cuando ambos ejércitos están a punto de atacar, Krishna detiene la acción, como un director congelando la imagen de una película épica en el instante antes de que comience el baño de sangre. Al igual que Arjuna, encontramos casi imposible obtener una perspectiva adecuada de nuestras vidas cuando nos hallamos inmersos en una batalla con nuestro jefe, nuestra mujer o nuestros hijos –incluso en una lucha por nuestra salud– y estamos intentando saber qué hacer. Tenemos que alcanzar la calma en medio del torbellino para poder observar claramente cómo nuestras acciones y las acciones de los demás, pasadas, presentes y futuras, encajan juntas en el tapiz de la vida. En el instante atemporal en el que dejamos de movernos y simplemente estamos presentes en el momento, el polvo se aposenta y el marco más amplio emerge. Con este nuevo mapa de la realidad en mano, podemos elegir sabiamente qué curso seguir.

Con ambos ejércitos congelados en medio del movimiento, Krishna muestra a Arjuna cómo las ilusiones de la mente sin descanso nos engañan. Reflexionando sobre eso, Arjuna dice:

> La mente es inquieta, inestable,
> turbulenta, salvaje, testaruda;
> verdaderamente, me parece difícil
> de dominar, como el viento.[32]

La lucha es parte de la vida, le dice Krishna a Arjuna, pero tenemos que evitar quedar atrapados en los dramas que creamos alrededor de nuestras luchas. Entonces podemos realizar cualquier acción que sea necesaria, «sin pensar en los resultados,/indiferentes ante el éxito o el fracaso».[33]

Nuestros mapas mentales ordinarios pueden ayudarnos a hacernos una idea respecto a cómo navegar en la vida cotidiana, pero hay veces en que nuestras limitaciones resultan obvias. Cuando nuestros mapas de supervivencia dirigen la orquesta, nuestras emociones y nuestras creencias más arraigadas se presentan. Cuando eso ocurre, necesitamos detenernos y observar lo que sucede, sin juzgar. En la quietud podemos escuchar una voz superior. Entonces nos damos cuenta de que el Espíritu ha estado con nosotros todo el tiempo, dirigiendo nuestro carruaje de modo auténtico, igual que Krishna conduce el de Arjuna. Krishna le dice a Arjuna:

> Para el hombre que desea madurar,
> el yoga de la acción es el sendero.
> Para el hombre ya maduro,
> la serenidad es el sendero.[34]

Como el colibrí, que vuela sobre el océano en respuesta a una llamada lejana, podemos confiar en nuestra guía interna para que nos conduzca a salvo a la otra orilla. Krishna le explica a Arjuna que todo lo que hacemos puede convertirse en una ofrenda a lo divino y que no deberíamos empecinarnos en conseguir resultados específicos. A veces, cuando somos empujados y apartados del camino que llevábamos, es porque teníamos que experimentar algo distinto de lo que habíamos planeado. El Espíritu puede tener ideas para nuestra vida que, al principio, carezcan de sentido para nosotros. Hay un orden superior que es invisible para los humanos, le dice Krishna a Arjuna, y tenemos que alinearnos con el plan superior.

En la quietud interior podemos recibir tanta guía del Espíritu como queramos invocar. A veces lo único que queremos es saber cómo responder a nuestro amante o a nuestro hijo; otras veces puede que estemos preparados para comprender la naturaleza de la realidad y del cosmos. Podemos poner el listón en el nivel que queramos. Podemos ser llamados a la acción o a la no acción (la no acción no significa no hacer nada, sino más bien realizar una elección consciente de no intervenir, permitiendo que las situaciones se resuelvan por sí solas, cuando eso sea posible). No actuar puede ser incluso más potente que actuar: se requiere una gran fortaleza para no mover ficha, para no reaccionar o para no salvar a alguien, cuando no es el momento. No hacer es la práctica esencial del norte. Cuando elegimos evitar la acción y permanecer en quietud, el tejido de la realidad se nos revela y reconocemos su asombrosa precisión.

Percibir el tejido oculto de la vida es verdadera sabiduría. Saber cómo encajamos en la gran historia de crear este tejido nos proporciona la perspectiva del sabio. Como Arjuna, experimentamos la perfección de la vida al presenciar el inmenso campo del Espíritu:

> Tú eres el dios primigenio, el Alma original; Tú eres el refugio supremo del universo; Tú eres el Conocedor y aquello que ha de ser conocido y la meta última. Y el mundo está impregnado de Ti, ¡oh Tú, de infinitas formas! Tú eres el Viento y la Muerte, el Fuego y la Luna, y el Señor de las Aguas. Tú eres el Hombre primordial y el Gran Abuelo de todas las cosas.[35]

Como es poco probable que la mayoría de nosotros encontremos a Krishna, ¿cómo podemos presenciar las majestuosas obras de la creación? En Occidente normalmente dirigimos la mirada más hacia la ciencia que hacia el Espíritu. El antropólogo francés Claude Lévi-Strauss indicó que para poder conocer el funcionamiento del universo, primero teníamos que conocer el funcionamiento de una brizna de hierba: cómo la fotosíntesis transforma la luz en vida y cómo las raíces de la brizna de hierba absorben minerales de la tierra. No obstante, los indígenas se acercan a la materia desde una perspectiva diferente: para ellos, con el fin de conocer el funcionamiento de una brizna de hierba, primero hay que conocer intuitivamente el funcionamiento del universo –cómo se crean los soles y se forman las galaxias–. Hoy, quizás por primera vez en la historia, tenemos la oportunidad de hacer ambas cosas.

Uno de los modos más efectivos de aquietar la actividad mental maníaca y hallar calma es prestar atención al espacio entre las respiraciones. Es en las pausas –los momentos entre la inspiración y la espiración– donde se encuentra la calma. Respirar es una respuesta autónoma y no podemos detenerla completamente, o morimos. Pero podemos cambiar el ritmo respiratorio. Las prácticas de respiración, muchas de ellas técnicas antiguas, están pensadas para llevar la mente a un estado de tranquilidad y equilibrio. Tenemos el poder de cultivar la ecuanimidad controlando conscientemente la respiración.

A medida que se cultiva la calma, los retos cotidianos dejan de asumir proporciones de crisis. Cuando se es capaz de adoptar una mirada más abarcadora, el mundo se convierte en un lugar de abundancia que sostiene una vida rica y que recompensa. La carrera frenética para seguir hacia delante deja paso a la conciencia de que la vida no tiene por qué ser una lucha. En el norte, se es llamado a aportar belleza, sanación y paz a uno mismo y al mundo. Cómo llevar a cabo de la mejor manera posible esta misión puede que no resulte inmediatamente evidente, pero si se continúa practicando la calma, se termina revelando. Todo lo que se necesita hacer es comprometerse con la sanación y, a partir de ahí, el Espíritu se encarga de los detalles. Como Krishna explica a Arjuna:

> Aquellos que toman refugio en mí,
> esforzándose por liberarse de la vejez
> y la muerte, conocen la libertad absoluta,
> el Yo y la naturaleza de la acción.[36]

LA PEREGRINACIÓN: UN VIAJE DEL NORTE

Hace unos cuantos años, conocí a una mujer, Chloe, que estaba embarcada en una batalla por su salud. Eligió hacer una peregrinación, una práctica que ha sido muy frecuente, especialmente en la Edad Media en Europa. Su peregrinaje iba a llevarla al noroeste de España, donde planeaba realizar el Camino de Santiago, siguiendo los pasos del apóstol desde el Mediterráneo hasta Santiago de Compostela, un viaje de unos setecientos cincuenta kilómetros.

Una peregrinación implica un destino geográfico, y el Camino de Santiago ha sido popular durante siglos entre los peregrinos, quienes caminaban todo o parte del camino. Pero la peregrinación es algo más que un paseo por el campo; es también un viaje interior, un tiempo de autorreflexión.

Muchos peregrinos dedican el viaje a algo más grande que ellos mismos. Chloe esperaba que su viaje le diera una claridad y un sentido de finalidad renovados, que le permitirían hacer frente a los retos que su salud le estaba presentando.

Poco después de empezar su viaje, creyó oír una débil voz que le decía que ayunase durante tres días, solo bebiendo agua, y luego comiese a lo largo de tres días, alternando ambos procesos durante todo el viaje. Al llegar a Santiago de Compostela tres meses más tarde, había recuperado la salud. Aunque ella atribuye su recuperación a una intervención divina, yo estoy seguro de que el ayuno le ayudó a activar todos los sistemas de recuperación de su cuerpo. Toda la calma y la serenidad que practicaba le permitieron entender las lecciones que su enfermedad le había aportado.

No se necesita recorrer el Camino de Santiago para cosechar los beneficios sanadores de la peregrinación. Puedes transformar tu viaje diario al trabajo, visitar a esa hermana tuya que se ha separado o, como Chloe, recorrer el camino al bienestar a través de una peregrinación. Sea cual sea el viaje, tendrá un componente externo, con obstáculos que deberás superar, y un componente interno que supone entrega, descubrimiento y muy probablemente retos emocionales al abrirte a revisar tu mapa mental con la ayuda del Espíritu. Una vez tienes claridad sobre el mapa más amplio para tu vida y tu sanación, puedes emprender las acciones necesarias para alinearte con la nueva dirección.

En muchas culturas indígenas, la peregrinación es tradicionalmente una búsqueda solitaria de visión. El buscador optimiza su cerebro con una combinación de ayunos y superalimentos. Más tarde se adentra en la selva o en otro entorno natural y se abre a la guía divina.

La búsqueda de visión es el último paso, y el más importante, para recibir la Medicina del Espíritu; hallarás instrucciones para «organizártelo tu mismo» en el capítulo 13. Pero antes has de terminar el viaje alrededor de la rueda de la medicina y seguir el sendero del visionario en el este.

EJERCICIO: SOY MI RESPIRACIÓN

Las prácticas tradicionales para cultivar la calma y la ecuanimidad implican trabajar con la respiración. El ejercicio básico es efectivo para aquietar la mente.

Siéntate tranquilamente en una habitación oscura, con una vela pequeña encendida delante de ti. Al contemplar la vela, nota cómo tu conciencia es como la llama, moviéndose rápidamente de un lado a otro, soplando primero en una dirección y después en otra.

Invita a tu mente a ser el observador cuando te centres en la respiración. Encuentra el espacio en lo alto de la inspiración, cuando los pulmones estén cómodamente llenos y detente allí durante un instante, repitiendo en silencio: «Yo soy mi respiración».

Al espirar, observa cómo tu respiración mueve la llama ligeramente. Libera todo el aire de los pulmones y, al final de la espiración, detente durante un instante y repite en silencio: «Yo soy mi respiración».

Continúa el ejercicio durante cinco o diez minutos al principio. A medida que te vas encontrando más cómodo sentado en silencio, aumenta gradualmente el tiempo.

Capítulo 12

EL VIAJE DEL VISIONARIO

RECIBIR LA MEDICINA DEL ESPÍRITU

Escucha los sonidos ocultos,
utiliza tus otros oídos.
Contempla las visiones celestiales,
utiliza tus otros ojos.
Percibe lo que no puede ser medido
por los sentidos ordinarios.

En la rueda de la medicina, el viaje del visionario se asocia con el este, la dirección del renacimiento, por donde el sol dador de vida se eleva cada mañana, proporcionándonos la oportunidad de encontrar nuestro mundo de nuevo. Entre los pueblos indígenas de las Américas, el este es la dirección hacia la que mira el tipi o tienda india, permitiendo que el poder del nuevo amanecer caliente y llene el espacio.

El este está representado por el águila, que puede volar alto, por encima de las nubes, examinando todo el paisaje, o abalanzarse sobre un ratón que corretea entre los matorrales. Esta perspectiva dual que abarca tanto la conciencia elevada del firmamento como la claridad de la tierra es la razón por la que el este se conoce como el camino del vidente o del visionario. En este punto de nuestro viaje aprendemos a poner la carreta delante de los bueyes, a mirar las posibilidades antes de reconocer las limitaciones, a centrarnos en por qué algo puede ser así, más que en por qué no puede.

Uno de los dones del águila es la capacidad de comenzar de nuevo, libres de las viejas historias acerca de quién somos, libres de expectativas, temores o dudas. Ahora bien, cada don del Espíritu conlleva una obligación, y en el este, la obligación es compartir con los demás la sabiduría que uno ha adquirido. Equipado con un mapa nuevo de la vida, más amplio, se puede dejar de pensar en cómo ir de lío en lío y simplemente apreciar cada momento en lo que tiene de maravilloso.

Este elevado nivel de conciencia, en el que uno se siente parte inseparable del cosmos, es difícil de mantener. Pero, incluso al volver a la conciencia ordinaria, uno trae el conocimiento de que se puede transformar la vida en el nivel más profundo, sosteniendo una visión de lo posible. Es posible compartir este don con otros invitándolos a alimentar sus sueños más elevados, al mismo tiempo que les ayudas a que salgan de sus pesadillas más profundas. Cada vez que entra un paciente nuevo a mi consulta, veo a la persona como un ser sano, luminoso y gozoso, independientemente del diagnóstico que arrastre consigo. Sé que mantener esta imagen sanada de mis pacientes les ayudará a descubrir su camino hacia la salud. Solo cuando sostengo con firmeza esa imagen en mi mente comienzo a mirar dónde esa persona está herida y qué es lo que parece ir mal.

Es aportando a quienes nos rodean los dones sanadores que hemos recibido como los beneficios de tales dones llegan a ser verdaderamente nuestros. En nuestra Escuela del Cuerpo de Luz, formo estudiantes para practicar la medicina energética, para que se conviertan en maestros-chamanes y para que aporten belleza y sanación a otros y al mundo. La formación comienza sanando la noción de un «yo» separado de los otros seres y del cosmos, que se siente impotente y desamparado. Si todavía estás apegado a un sentido limitado del yo y con miedo a perder tu identidad como individuo, no serás capaz de tolerar la experiencia de Unidad, la unidad de la Medicina del Espíritu ni los dones de poder y gracia que la acompañan.

En el *Bhagavad Gita*, Krishna le dice a Arjuna: «Soy la personificación tanto de la inmortalidad como de la muerte. Tanto el ser como el no ser están en mí». El Espíritu, tú y yo, somos al mismo tiempo ser y no ser. Tú y yo existimos como entidades independientes solo desde el punto de vista de la serpiente, del mundo ordinario.

Este cambio de conciencia a la perspectiva del águila te permite convertirte en el soñador, en lugar de ser el soñado. Llegas a captar que todo el mundo ocupa un lugar en el rompecabezas cósmico, que tú no eres el único soñador. Tú estás colaborando con otros y con el Espíritu para soñar y traer a la existencia tu salud –y un mundo sanado y hermoso–. Soñar, en este sentido, es seguir adelante constantemente, seas consciente de ello o no. Pero en el viaje del visionario puedes elegir participar conscientemente en soñar y traer el mundo al ser.

El reconocimiento de que soñar es un esfuerzo colectivo te libera del peso de pensar que tú eres el único dueño de tu universo, pero que estás fracasando miserablemente en tu trabajo. No obstante, al mismo tiempo te permite ejercer el poder que *realmente* tienes de producir cambios en tu salud y tus relaciones –ciertamente, en todos los aspectos de tu vida–. Equipado con esta conciencia, ni intentas huir de las crisis ni te sientes abrumado por ellas. Eres capaz de ver con claridad cuándo y cómo actuar, y cuándo dejar que los problemas se resuelvan por sí mismos y el cuerpo sane por sí solo.

En el norte se desarrolla la conciencia que te permite observar tu mente durante la práctica de la calma. Aquí, en el este, se llega a ver que la conciencia que observa tu experiencia es una parte inextricablemente unida a una conciencia más amplia. Para descubrir esto, el sabio indio Ramana Maharshi solía recomendar a sus estudiantes un ejercicio de autoindagación. Se empieza llevando la atención al sentimiento del yo y se mantiene la atención allí hasta que el sentimiento de yo desaparece y no queda más que conciencia. Esta es una práctica difícil para la mayoría de nosotros, de modo que, como ayuda, se puede empezar con la práctica que me enseñaron los chamanes y utilicé en mi sanación. Reflexiona sobre la pregunta ¿quién soy yo? Y luego pasa a la siguiente: ¿quién está haciendo esa pregunta?

La exploración te llevará más allá de la experiencia del yo-ego hacia una conciencia más amplia que constituye la naturaleza misma del universo. Llegarás a ver que tu conciencia individual nunca está realmente separada de esta conciencia mayor; solo la sientes separada mientras tienes un cuerpo, una forma física. Como una ola en el mar, tú eres una individualidad distinta y única, pero al mismo tiempo nunca estás separado del mar, de tu fuente. Estar encarnado es un estado temporal. Tu cuerpo es tu yo local, mientras que el vasto mar de conciencia infinita es tu yo no local. Una vez has recibido la Medicina del Espíritu y reconocido tu naturaleza no local, infinita, puedes volver a tu conciencia encarnada, cotidiana, local, sabiendo que tienes el poder de visualizar creativamente una nueva realidad –incluso desarrollar un cuerpo nuevo que envejece y sana de manera diferente.

El viaje al este es un viaje interior a los reinos celestes de más allá de la muerte, donde se te muestra la grandeza de la creación. Pero el visionario tiene el deber de traer ese conocimiento a este mundo y concretarlo. Mientras que muchos místicos buscan alcanzar los reinos celestiales más remotos y permanecer en dichosa contemplación, el chamán intenta crear el cielo en la Tierra, al recordar a la realidad ordinaria, para ayudar a otros a degustar el delicioso elixir del Espíritu. Como los chamanes, nosotros practicamos la sanación y la generosidad, y traemos belleza al mundo sin pensar en nosotros mismos. De hecho, para el chamán, la oportunidad de aliviar el sufrimiento es suficiente recompensa.

No obstante, ocurre que sí que hay una recompensa para el visionario. Descubrirás que puedes crear una extraordinaria salud para ti mismo. Esto no significa que tengas que instruir genes individuales para que se activen o desactiven, o decirle a tu cerebro qué neurotransmisores debe producir. Simplemente mantienes la visión dual del águila en tu vida –tanto los detalles como la inmensidad de la creación– y tu cuerpo hará el resto. Igual que el estrés activa los genes que crean enfermedades cardiovasculares y cáncer, la serenidad que aporta la visión del águila activa los genes de la salud y la longevidad. Igual que la visión del águila disipa la ilusión de la separatividad, tú creas las condiciones para la salud, y la enfermedad puede desvanecerse.

Cuando llevas a cabo tu búsqueda de visión –sea siguiendo la plantilla establecida en el capítulo 13 o de cualquier otra forma–, eres invitado a viajar a un reino más allá de la muerte y recuperar tu destino del «tú futuro» que ya existe en la atemporalidad. Una vez encuentras a aquel que serás dentro de muchas vidas, puedes comenzar a encarnar esas cualidades y atributos hoy. El pasado que te acechaba dejará paso al futuro que te atrae inexorablemente hacia el yo en el que te estás convirtiendo, el yo que no necesita ni terapias, ni intervenciones, ni reparaciones. No tendrás que curar lo que se haya roto –la sanación se hará cargo de sí misma.

Algunas de las tribus de la Amazonia tienen una visión del tiempo muy diferente de la nuestra. En mis primeros viajes con sus chamanes, me dijeron cómo eran capaces de viajar «a un tiempo alejado del ahora» –muchos años en el futuro– y traer al presente la visión y la sabiduría que descubrían. Aseguraban que era algo parecido a realizar una recuperación del alma, pero en lugar de viajar al pasado para recobrar lo que se había perdido, estaban siguiéndole la pista al destino en el futuro.

En ese momento, esa habilidad me resultaba incomprensible, ya que procedía de una cultura en la que el tiempo era lineal y fluía en una sola dirección. Posteriormente supe de la creencia chamánica de que en el viaje del visionario, se es capaz de saltar a la atemporalidad, libres de las constricciones del pasado y del futuro en el eterno ahora. A veces un chamán era capaz de encontrar un estado sanado en el futuro, para un paciente, y luego se sentaba y observaba cómo el destino empujaba a este hacia el deseado estado de salud. Esta habilidad reducía la cantidad de *hacer* con la que el chamán tenía que comprometerse. Practicando el no hacer establecía las cosas en el mundo no-ordinario.

Rumi, en su poema «El aire de la noche», describe el no hacer de la persona que ha completado el viaje al este:

> Los místicos son expertos en pereza. Confían en ella
> porque continuamente ven a Dios trabajando
> alrededor de ellos.
> La cosecha sigue llegando,
> ¡aunque nunca araron la tierra![37]

Pero antes de que llegue el momento de no hacer, hay trabajo que realizar. El sendero del águila no es para alguien que busque una vía rápida hacia una vida feliz. Para casi todos nosotros, el enfoque de la Medicina del Espíritu es un camino largo y lleno de curvas. La historia de Siddharta, el príncipe indio que se convirtió en Buda, ilustra el viaje del águila: el despertar de la visión, la llamada del destino y el retorno al mundo para compartir lo que hemos aprendido.

SIDDHARTA: LOS DONES DE LA MEDICINA DEL ESPÍRITU

Según la leyenda, el Buda nació príncipe, Siddharta –cuyo nombre significa «todos los deseos cumplidos»–. Su padre era un gran rey que había decidido ocultar a su hijo las ansiedades y sufrimientos del mundo, resguardando al joven Siddharta de toda fealdad. El príncipe creció rodeado de jardines con flores y atendido por sirvientes que satisfacían cada una de sus necesidades, ignorante de lo que sucedía fuera de los muros del palacio, allí donde vivía la gente común. Como Siddharta, queremos vivir la vida en una burbuja de felicidad y comodidad, alejados para siempre de cualquier cosa que pueda causarnos angustia. Su padre representa nuestra tendencia a aislarnos, a construir nuestros propios pequeños palacios en medio de los barrios bajos y a centrarnos en nuestras propias necesidades, olvidando las incomodidades ajenas.

Pero los seres humanos somos seres sociales, estamos sintonizados los unos con los otros, empatizando con el dolor de los demás y conectados de tal modo que experimentamos tristeza a la vista de su sufrimiento. Un día, cuando ya Siddharta había dejado la niñez atrás, sintió curiosidad por saber qué pasaba fuera de palacio. Contra los deseos de su padre, le pidió a su cochero que le diese una vuelta por el campo, para ver a la gente a la que tendría que gobernar más adelante y comprender cómo vivían. Para madurar, tenía que romper la burbuja psíquica de su infancia.

A medida que avanzaba en su carruaje real, Siddharta vio cuatro cosas que le perturbaron profundamente. La primera fue un anciano que cojeaba por el borde de la carretera y gimiendo de dolor.

—¿Por qué gime? –preguntó Siddharta a su cochero.

Y este respondió:

—Sufre porque es viejo y está enfermo.

Esto supuso una fuerte llamada al despertar para Siddharta, quien nunca había imaginado que existiese algo como el envejecimiento y la enfermedad. Había oído hablar del sufrimiento, pero no creía que fuese real; sin embargo, ahora lo tenía justo delante de él.

—¿Y yo, envejeceré y padeceré? –preguntó.

—Sí –respondió su cochero.

Sano, bien alimentado y preparado para gobernar todo su reino desde su lujosa burbuja, Siddharta no tenía ningún sufrimiento, pero su respuesta al ver sufrir a otros fue preguntar: «¿Qué me pasará a mí?». Más tarde, después de convertirse en un Buda, transformó esta preocupación en compasión hacia los seres que lo rodeaban, sin centrarse ya en su propia vulnerabilidad. Todos somos responsables de nuestro propio bienestar, pero eso es muy distinto de «querer ser el número uno» y poner nuestras necesidades por delante de las de todos los demás.

No es accidental que el primer sufrimiento que Siddharta encontró fuese el de un hombre que pronto iba a dejar atrás su vieja vida y a experimentar la muerte. Siddharta estaba dejando atrás su vieja vida de comodidad y entrando en un campo desconocido para él de incertidumbre: «¿Cuánto tiempo viviré? ¿Durante cuánto tiempo puedo evitar la enfermedad? ¿Quién soy, sino un príncipe tan poderoso que puede vivir para siempre, feliz todo el tiempo?». Le dolió descubrir que no había nada que pudiera hacer para restablecer la juventud y la vitalidad del anciano. «Poco importa, pues, ser el gobernante todopoderoso del país», pensó. Se dio cuenta de que tenía que desechar ese rol.

La primera visión que tuvo en su camino corresponde a la Primera Noble Verdad del budismo: en la vida, hay sufrimiento. Esta es la verdad que llegamos a aceptar cuando llevamos a cabo el trabajo del sur en la rueda de la medicina, liberándonos de nuestros roles desfasados y nuestras identidades de víctima para dar a luz un rol más noble como autores de nuestro propio destino.

Todavía Siddharta se estaba preguntando si la muerte quedaba muy lejos, cuando tuvo otra visión que le angustió: un hombre desnudo, enfermo, junto a la carretera, pidiendo alguna moneda o un poco de comida.

—¿Qué le pasa a ese hombre? –preguntó Siddharta a su cochero. Este le respondió:

—Es un mendigo, desnudo, hambriento y enfermo.

Entonces Siddharta quiso saber:

—¿Podré ser algún día mendigo, como ese hombre?

A lo que el cochero respondió:

—Sí, pues aunque usted es rico y gobernará todo el país, no tendrá el poder de evitar la enfermedad. También envejecerá y perderá la salud y la belleza.

Siddharta quedó impresionado. No tenía ni idea de que habría un fin para su robusta salud y su capacidad de realizar sus deseos, pero ahora estaba escuchando que tal resultado era inevitable. «Debe de haber un error –pensó–. Eso le puede ocurrir a otros, pero ¿realmente podría ocurrirme a mí?». Todos queremos creer que estamos a salvo y que lo malo solo les sucede a otros. Cuando somos jóvenes, aprendemos que la gente se hace vieja y muere, pero nunca creemos que ese momento nos llegará a nosotros.

La revelación de Siddharta al ver al mendigo corresponde a la Segunda Noble Verdad: la causa del sufrimiento es el apego. Nuestra felicidad depende de tener lo que queremos y no tener lo que no queremos. Cuando estamos contentos, no deseamos que nada cambie. En lugar de darnos cuenta de que el cambio es inevitable y mirar hacia delante, hacia lo que pueda venir, y disfrutar con ello, nos aferramos a lo viejo, hasta que nuestros armarios están llenos de antiguos vestidos, nuestros sótanos de cacharros inservibles y nuestras mentes de pensamientos y creencias obsoletos. A veces nos aferramos incluso a una mala situación –un matrimonio en el que se nos maltrata o un trabajo terrible–, pensando: «Probablemente es mejor que estar soltero a los cincuenta años o que no tener trabajo». Temerosos ante la incertidumbre, nos aferramos a viejos roles e identidades, incluso aunque ya no sean apropiados. Pero el camino que nos permite avanzar es el del abandono de nuestros roles y nuestros apegos –arrojarlos al fuego, como hicimos en el viaje del sanador–. Tenemos que morir a nuestras antiguas nociones y dejar que nuestras expectativas cambien a medida que avanzamos hacia lo desconocido.

Cuando recibí el diagnóstico de «deberías estar muerto», mi larga lista de lo que necesitaba para ser feliz se clarificó súbitamente. Lo único que importaba era mi salud, y si no podía restablecerse, prepararme para morir. Actualmente mantengo de modo deliberado mi lista de la felicidad muy breve, con esos dos puntos en la cima.

Estamos aferrados no solo al pasado –lo que hemos dejado atrás, pero todavía mantenemos en nuestros armarios– sino también a lo que pueda traernos el futuro. Nos aferramos a la idea de que la vida nos irá mejor. La idea de que algo desagradable puede estar esperándonos hace que nos quedemos helados de miedo. El hombre enfermo al que Siddharta encuentra representa nuestros temores primarios relacionados con la supervivencia: no tener bastante comida, dinero, salud o poder. El anciano es el futuro que tememos y esperamos evitar a toda costa. Pero cuando le hacemos frente al miedo a la muerte en el viaje del jaguar y aprendemos a caminar a través de la selva de la incertidumbre, dejamos de acobardarnos desamparadamente por el terror a lo desconocido.

Ahora bien, estaba Siddharta todavía desconcertado por la posibilidad de su propia enfermedad y declive, cuando se cruzó con una tercera visión inquietante en la carretera: un cadáver.

—¿Qué le sucede? ¿Por qué no se levanta y va a hacer sus cosas? –le preguntó a su cochero.

—Está muerto –respondió este.

—¿Y no hay modo de devolverle la vida? –preguntó Siddharta.

—¡Ay, señor!, la verdad es que no –fue la respuesta.

Siddharta estaba profundamente entristecido.

—¿También mi vida terminará algún día?

—Ciertamente –le dijo el cochero–. La muerte es inevitable para todos.

El cadáver junto a la carretera corresponde a la Tercera Noble Verdad: para poner fin al sufrimiento, tenemos que abandonar todo apego, incluso el apego a la vida. Hemos de dejar de aferrarnos a lo que se nos escapa o anhelar lo que hemos perdido y parece que no podemos recuperar. Y tenemos que dejar de creer que la paz interior solo llega cuando nuestros deseos se cumplen.

Después de escuchar que también él moriría algún día, Siddharta se sentía muy perturbado. Pero hubo una última visión que zarandearía su conciencia: un *sadhu*, un santo, con las piernas cruzadas, en meditación, junto a la carretera. El hombre parecía totalmente tranquilo, más allá de todo miedo y todo sufrimiento. Siddharta le pidió a su cochero que detuviese el carruaje, y apresuradamente se acercó al *sadhu* para preguntarle cómo había logrado tal serenidad.

—También usted puede trascender el sufrimiento y la muerte –le prometió el *sadhu*–. Lo único que necesita es sentarse en silencio debajo de aquel árbol, sin comer ni beber, hasta que sepa que es libre de la muerte que le acecha.

Siddharta volvió al palacio, pero empezó a sentir que la vida, tal como él la conocía, había perdido su atractivo. Las palabras del *sadhu* no se le iban del pensamiento. Pocos años después abandonó su vida de riquezas y placeres y, atraído hacia su destino, se hizo monje itinerante para hallar un fin a su sufrimiento. Una vez el velo se ha levantado, como en el caso de Siddharta, tenemos un vislumbre del sufrimiento –el del mundo y el nuestro–, al mismo tiempo que nuestro viejo mundo empieza a desmoronarse y la búsqueda de la sanación comienza. Cuánto dure o lo lleno de retos que esté el viaje del visionario varía con el individuo. Pero ahora se tiene ya una idea bastante clara de lo escarpado que es el camino y cómo rara vez es directo, así como que la sanación implica una dedicada preparación física, mental y emocional.

Siddharta pasó seis años en profunda meditación, con muy poco sustento para su cuerpo, pero aun así era incapaz de encontrar las respuestas que buscaba. Finalmente, en un acto de desesperación y entrega, se sentó debajo de una higuera, prometiendo no levantarse hasta haber descubierto la causa del sufrimiento y cómo terminar con él. Los niños jugaban a su alrededor, los perros ladraban, mujeres hermosas trataban de seducirle o distraerle, los ladrones le robaron su bolsa de monje con sus escasas posesiones. Pero Siddharta simplemente se sentó allí y dirigió su mirada al interior estudiando la naturaleza de su propia mente. Abrió su corazón, desprendiéndose de toda expectativa sobre lo que ocurriría. Y entonces, según la leyenda, después de una noche desgarradora, experimentó la iluminación, bajo el que se denominaría, a partir de entonces, el Árbol del Bodhi (*bodhi* significa «despierto»). Más tarde, el Buda describió a qué había despertado:

> Llegué a un conocimiento directo del envejecer y el morir, un conocimiento directo del origen del envejecer y el morir, un conocimiento directo de la cesación del envejecer y el morir, un conocimiento directo del sendero que conduce a la cesación del envejecer y el morir.[38]

Lo llamemos iluminación, realización, despertar o Medicina del Espíritu, la experiencia que transformó a Siddharta en Buda, en «El Despierto», fue profundamente sanadora y al mismo tiempo extraordinariamente simple. El maestro budista tibetano Chögyam Trungpa dijo:

> La verdad de la cesación es un descubrimiento personal. No es algo místico, ni tiene connotaciones religiosas o psicológicas; es sencillamente tu experiencia... Es como experimentar buena salud de manera instantánea: no estás resfriado, ni tienes la gripe, ni dolor de cabeza, ni dolores en el cuerpo. ¡Te sientes perfectamente bien, absolutamente fresco y despierto! Tal experiencia es posible.[39]

Siddharta había comenzado con la intención de sanar su propio sufrimiento, y a partir de su búsqueda le aportó a la humanidad la manera de terminar con el sufrimiento frente a la enfermedad, la vejez y la muerte. Este es el don del águila, el fruto del viaje del visionario.

LA MEDICINA DEL ESPÍRITU REVELADA

En la dirección del este, en la rueda de la medicina, uno se pierde para encontrarse a sí mismo. Tras morir para lo viejo, se renace a una vida nueva. Se descubre que el yo local que habita en el mundo físico está siempre cambiando, pero el yo no local, atemporal, nunca cambia y nunca sufre. El tú no local nunca estuvo enfermo y nunca morirá. Este descubrimiento puede ayudarte a recuperar la salud perfecta.

Comenzamos nuestro descubrimiento del yo atemporal en el sur, donde nos despojamos de nuestros roles antiguos y nuestras ideas preconcebidas acerca de quiénes somos realmente y, como Parsifal, sanamos la masculinidad herida en nuestro interior. Continuamos el viaje en el oeste, con Psyche enseñándonos que teníamos que cruzar el umbral a lo desconocido si queríamos liberarnos de la prisión de nuestro propio miedo, muy especialmente el miedo a la muerte, y recuperar los dones de la diosa, de la inmortalidad. Después de realizar esto, en el norte aprendimos a estar en calma y a centrarnos en el interior, recurriendo a la sabiduría colectiva de aquellos que nos han precedido. Se nos reveló el esplendor del cosmos, como sucedió con Arjuna.

Cuando llegamos al este, todos los pasos del sendero, todas las pruebas que soportamos, de repente cobraron sentido. Al abrirnos a una perspectiva más amplia, comprendimos la paradoja de nuestra existencia: que cada uno de nosotros es tanto infinitesimal, una simple mota de polvo, como infinitamente vasto; al mismo tiempo nada y todo. Descubrimos que incluso la iluminación tiene un aspecto cotidiano, como si no fuera nada especial. Y aprendimos que, como Siddharta, una vez recibimos la Medicina del Espíritu, tenemos que aportar esa sanación al mundo.

Después de su iluminación, el Buda enseñó las Cuatro Nobles Verdades que había descubierto bajo el árbol Bodhi: hay sufrimiento en la vida, el sufrimiento procede del apego y el deseo, hay una salida al sufrimiento y el camino que conduce a esa salida es el Noble Óctuple Sendero, con prácticas hábiles que sostienen una vida despierta. La esencia de esas enseñanzas atemporales es lo que descubrimos por nosotros mismos cuando recibimos la Medicina del Espíritu.

Así pues, aunque se puede captar intelectualmente las lecciones asociadas con las cuatro direcciones de la rueda del Espíritu, solo con la experiencia directa del Espíritu esos principios se asientan y cambian tu vida. En el este tenemos que hacer frente a nuestros demonios internos, tal como el Buda –y Jesús– hicieron. Jesús no luchó con sus demonios revolcándose por el suelo; simplemente les dijo con firmeza que siguieran su camino. El Buda, más que luchar con sus demonios, los alimentó: «Venid. ¿Queréis mi cabeza? Tomadla. ¿Queréis mi cuerpo? Tomadlo». Su yo no local comprendió que no era ni su cuerpo ni su cabeza. Y cuando dejó de hacerles caso a sus atormentadores, estos se aburrieron y se fueron. La gran tentación para nosotros es batallar con nuestros demonios, creyendo que podemos salir victoriosos. Y treinta años más tarde, vapuleados y ensangrentados, tenemos que reconocer, después de todo, la futilidad de nuestra batalla. La

Medicina del Espíritu nos ofrece una manera más adecuada de hacer circular a nuestros demonios.

Después de recibir la Medicina del Espíritu, hay trabajo que hacer, desde luego. Incluso cuando hemos recibido los dones del Espíritu, todavía tenemos que asumir los retos de nuestra existencia física. Y despertar no nos absuelve de la necesidad de refinar nuestro pensamiento y mejorar constantemente nuestras actitudes y nuestro comportamiento. Incluso el Dalai Lama admite que siente ira; a pesar de sus cualidades divinas, sigue siendo humano. Pero no la alimenta, ni reacciona ante ella, de modo que pronto pasa. Él enfoca la vida con compasión y con la visión del águila: «Siempre miro todos los sucesos desde un ángulo más amplio», dijo Su Santidad a un entrevistador del *Time*.[40]

Jesús volvió del desierto con enseñanzas de sabiduría como «Ama a tu prójimo como a ti mismo» y «Pon la otra mejilla», pero caminó mucho, enseñó mucho y sufrió mucho antes de realizar su obra. El Buda, después de su iluminación, no se retiró a lo alto de una montaña a morar en plena felicidad. Durante los siguientes cuarenta y cinco años estuvo muy presente en el mundo, ayudando a otros a despertar y a sanar.

De modo que ¿en qué sentido sería diferente *tu* vida después de tomar la Medicina del Espíritu? Por una parte, la perspectiva más amplia que te ofrece la visión del águila te ayudará a navegar por tu vida con mayor fluidez y compasión. El trabajo que hagas parecerá natural y sin esfuerzo, acorde con tus talentos y tus deseos. Y la sanación del cuerpo, la mente y el espíritu que experimentarás tendrá tal fuerza detrás que te sentirás impelido a servir al mundo del modo que puedas.

Con ese anticipo de lo que el viaje del visionario aportará, podemos dar el último paso en ese viaje: la búsqueda de visión. La práctica-guía del este es un antiguo modo de experimentar el poder transformador del Espíritu.

Capítulo 13

LA BÚSQUEDA DE VISIÓN

¿Cómo aplicar la mecánica cuántica a la vida diaria?... ¿Enseña la teoría cuántica cómo caminar sobre la tierra? ¿Cómo cambiar el tiempo? ¿Cómo identificarte con el principio creativo, con la naturaleza, con lo Divino? ¿Te enseña cómo vivir cada instante de tu vida como un acto de poder?

Una cosa es leer sobre la Medicina del Espíritu y otra experimentarla. Igual que leer sobre la iluminación de Siddharta no basta para liberarte de la enfermedad, la vejez y la muerte, leer sobre la Medicina del Espíritu te dará información pero no sabiduría. Para eso tienes que recibirla directamente. La última práctica y la más importante es la búsqueda de visión.

La búsqueda de visión puede curar tu cuerpo y sanar tu alma. Como Parsifal, puedes buscar el Santo Grial. Como Psyche, puedes volver del inframundo con el elixir de la inmortalidad. Y como Arjuna, puedes descubrir los secretos del cosmos. Pero como Siddharta, has de dejar la comodidad del castillo o del sofá y sentarte bajo tu versión del árbol Bodhi.

Todos podemos esgrimir una docena de razones por las que nos resulta imposible abandonar el castillo o el sofá de inmediato: no tenemos bastante dinero o bastante tiempo, o tenemos demasiados correos electrónicos a los que responder. Yo mismo pospuse mi viaje hasta que recibí un diagnóstico fatídico y vi el final de mi vida ante mí. ¿Mi consejo? ¡No esperes hasta entonces!

Idealmente, la búsqueda de visión conviene que se realice en un entorno natural, como hacen los chamanes, sentándote con los elementos –lluvia, viento, sol, calor, frío– y poniendo tu cuerpo bajo un estrés fisiológico moderado, a través del ayuno. Sin embargo, el propósito de una búsqueda de visión no es pasarla sin comodidades, sin comida ni bebida, sino descubrir en la jungla que eres un ciudadano de la Tierra, un hijo de la naturaleza, uno con toda la creación. Se ayuna para despertar los sistemas de reparación corporales y estimular la producción de células madre en el cerebro y en cada órgano de tu cuerpo.

A menos que primero mejores tu cerebro, tu búsqueda de visión no será más que una excursión con acampada. Pero cuando te desintoxicas y luego le das más potencia a tu cerebro con superalimentos, la búsqueda puede ser un encuentro cara a cara con tu destino, en el que descubres tu capacidad de cocrear con el Espíritu. Si has aplicado en serio las prácticas sugeridas a lo largo de todo el libro, casi con certeza saborearás la Unidad de la creación al recibir la Medicina del Espíritu.

ACEPTAR EL RETO

—¿Qué significa una búsqueda de visión? –me preguntó Sally, una neoyorquina empedernida–. Sabes, no me gusta la falta de comodidades. ¡Y esto significa que no voy a ninguna parte sin servicio de habitaciones!

Chica de ciudad por dentro y por fuera, Sally era una pujante editora en una revista femenina de moda. No le apetecía, en lo más mínimo, pasarse tres días sola, en la jungla, subsistiendo exclusivamente con agua.

—Pero, ¿quieres ser miserable durante el resto de tu vida? –le pregunté–. ¿No sería mejor ser miserable durante tres días y quitárselo de encima ya, de manera que puedas tener una nueva vida? Además –añadí maliciosamente–, probablemente también hay ahí un buen artículo de revista.

A regañadientes, Sally estuvo de acuerdo en hacer una búsqueda de visión, y la dejé, gritando y pataleando, en Box Canyon –un cañón rodeado de precipicios abruptos–, en las rocas rojas del sur de Utah. Tenía la cantidad de agua que necesitaría, una buena tienda y un saco de dormir. No le expliqué que, aunque la naturaleza es el entorno preferible para una búsqueda de visión, en realidad puede hacerse en cualquier parte, incluso en el centro de Nueva York. La cuestión es olvidarse del mundo tecnológicamente conectado y descartar la creencia de que si no estás constantemente consultando tu correo electrónico y las redes sociales, tu vida se desmoronará. También le enseñé a Sally a orar.

—¡Pero no sé cómo rezar! –protestó.

—Da gracias al Creador –le dije–. Y si eso no funciona –añadí con brusquedad mientras me iba–, ruega que los lobos no te devoren.

No había lobos en la zona, pero Sally entendió lo que quería decir. Podemos encontrar nuestro camino al Espíritu a través de la oración o la meditación, pero si nos quedamos atrapados en exactamente *cómo* se supone que debemos orar o comunicarnos con el Espíritu, permaneceremos cerrados a los mensajes que podamos recibir.

Sally era paciente mía desde hacía mucho tiempo. Rica e inteligente, había sido una belleza cuando tenía veinte años, e incluso a mitad de los cincuenta era innegablemente glamurosa. Era también hiperactiva, acostumbrada a conseguir lo que se proponía, pero sobre ella parecía pesar una maldición respecto a las relaciones, pues tenía la peor suerte que he conocido en ese sentido. Sally estaba tomando Ritalin por el día, para soportar su TDAH, y Trazodone, un potente antidepresivo y ansiolítico, para ayudarle a dormir por la noche. Iba rebotando de una relación violenta a otra, hasta el punto de que se había vuelto tan insensible que prefería «utilizar a los hombres como juguetes». Pero también admitía que no podía liberarse de esos juguetes sin mucha angustia. La búsqueda de visión supuso un reto para muchos de los hábitos del confort urbano de Sally. No había ningún supermercado elegante cerca. No podía encender la televisión para ver las noticias y no podía conectarse a Internet. Odiaba la idea de estar en la naturaleza a solas consigo misma. Sin embargo, no podía soportar la idea de continuar con su vida de desgracia sentimental y miseria farmacéutica.

—Me encanta orinar al aire libre –me dijo con una sonrisa cuando fui a por ella al final de los tres días. Su cabello estaba despeinado y su rostro lleno de mugre, pero de algún modo su ropa permanecía impecable. Me preguntaba cómo se las había arreglado para ello. Luego admitió que había llevado un juego de ropa limpia para cada día (algunos hábitos son duros de pelar). El retiro no le había resultado fácil, dijo.

El primer día intentó llamar a un servicio de taxis, para que vinieran y se la llevaran, pero el móvil no tenía conexión. Por la noche estaba convencida de que sería pasto de los lobos y se los imaginaba rodeando su tienda. Rezaba para que amaneciese. Pero la segunda noche comenzó a disfrutar contemplando las estrellas sin salir de su saco de dormir, el cual arrastró fuera de la tienda cuando se dio cuenta de que no iba a atraer a un puñado de predadores hambrientos. Sally nunca había visto tantas estrellas en el cielo –de hecho, durante años no había visto estrellas, pues las luces de la ciudad de Nueva York hacen difícil distinguir algo en el firmamento nocturno–. Los retortijones de hambre la mantuvieron despierta la primera noche, pero después durmió como un bebé. Y luego estaban las luces.

—Durante la primera noche tenía la impresión de estar acampada en un *parking* –dijo–. Había focos de luz que penetraban en la tienda, tan brillantes que me despertaban. Pero cuando salía estaba totalmente oscuro, excepto las estrellas.

Al principio pensó que unos extraterrestres habían encendido luces, pero luego se dio cuenta de que en sus sueños se le estaba mostrando «la luz».

Sally volvió de su búsqueda de visión con un profundo aprecio por la naturaleza y por lo preciosa que es su vida –ciertamente, toda vida lo es–. Continuó comiendo los superalimentos del programa, y yo llevé a cabo varias iluminaciones para limpiar huellas de su campo de energía luminosa. En un momento determinado tuvimos que liberar el alma de su madre, que había muerto hacía trece años, pero se había aferrado al cuerpo de energía luminosa de Sally.

Sally decidió también hacer un paréntesis en sus relaciones amorosas. Comenzó a ver su atracción inmediata hacia ciertos hombres como una señal de advertencia de que no eran el tipo de hombre que le convenía. Más tarde, seis meses después de su búsqueda de visión, comenzó a salir con un hombre tranquilo, amable, «realmente suave», según sus propias palabras. Pero el cambio más notable después de su búsqueda de visión fue que el trastorno de déficit de atención e hiperactividad desapareció. Al seguir con una dieta sin gluten y sin leche, incorporando alimentos saludables, como la quinoa, su hiperactividad y su mal humor se disiparon y ya no necesitó Ritalin para funcionar durante el día ni Trazodone para dormir por la noche.

LA MÁQUINA DE HACER PAN

Cuando Samuel vino a verme, pesaba 118 kilos. Prácticamente no comía más que pan, pasta y alimentos manufacturados. Tenía la presión sanguínea alta, colesterol elevado y resistencia a la insulina. Samuel era un editor cuya lista incluía libros sobre salud, alimentos crudos y dietas saludables, pero era un comedor compulsivo. Adicto a los carbohidratos, que se convierten en azúcar casi inmediatamente después de comerlos, padecía de *diabesidad* –diabetes asociada con la obesidad–, la nueva epidemia del mundo civilizado. Le comenté a Sam que las incidencias de la diabetes tipo 1, en la cual el páncreas es incapaz de producir insulina, habían disminuido en un 60% durante la Segunda Guerra Mundial, como resultado de la escasez de comida. Le dije que ayunar en su búsqueda de visión le proporcionaría el mismo beneficio, pasando hambre solo unos pocos días.[41]

Samuel había probado todas las dietas del mundo y en ese momento estaba siguiendo la paleodieta. Como comenté en el capítulo 4, la paleodieta está basada en lo que comían los seres humanos en la era paleolítica, preagrícola. Cazadores-recolectores subsistían fundamentalmente gracias a hojas de verduras y a los pequeños peces que ocasionalmente pudieran pescar con técnicas muy simples.

—¡Excelente! –le dije–. Esa es la dieta de la Medicina del Espíritu: muchas proteínas y grasas saludables y nada de hidratos de carbono procesados. No hay carbohidratos esenciales, sino que hay proteínas esenciales y ácidos grasos esenciales, y podríamos pasarnos el resto de la vida sin volver a comer ni una tostada. Son los carbohidratos procesados los que engordan, no las grasas –enfaticé. Le sugerí también que evitara las carnes rojas, es decir, ternera y cerdo.

—Pero las carnes rojas forman parte también de la paleodieta –protestó.

He vivido en la Amazonia con pueblos que comían del mismo modo que lo hacían sus antepasados durante siglos, y si bien consumían mucho pescado, apenas probaban las carnes rojas. Evolucionamos con las plantas, le expliqué. Y los cazadores-recolectores no tenían armas que pudieran hacer caer a los animales grandes.

—Está bien comer un trozo de carne roja ocasionalmente –le dije a Samuel–, pero, cuando lo hagas, asegúrate de que provenga de animales criados con hierbas y en libertad, y no cebados con cereales o llenos de antibióticos inyectados. El pescado, si procede de aguas limpias y no contiene mercurio, está muy bien. Pero el pan y la pasta tienen que eliminarse.

Aunque mucha gente se apunta a la paleodieta, olvidan aceptar también las creencias paleolíticas acerca de la Unidad de toda vida, así como de la comunión con la naturaleza y con el Espíritu.

—Esas creencias constituyen una parte importante de la creación de salud en tu cuerpo –le dije a Samuel–. La dieta sola no funciona, si no se llama a filas al Espíritu para que ayude a cambiar los viejos hábitos.

Samuel era un hueso duro de roer. Me aseguró que dejaría de lado su máquina de hacer pan, pero su despensa estaba llena de alimentos enlatados, la mayoría de los cuales contienen productos derivados del trigo, y por tanto gluten. No iba a dejar el gluten fácilmente.

De modo que una tarde fuimos a su apartamento y comencé a vaciar su despensa; tiré todos los alimentos enlatados, la harina de trigo que tenía almacenada en el armario que había junto a la máquina de hacer pan y también la máquina misma. ¡Hasta la pasta de dientes que usaba tenía gluten! Mientras yo arrojaba todo eso al cubo de la basura, puedo decir que Samuel estaba angustiado. Le encantaba aquel electrodoméstico, y en lo más profundo de su mente pensaba que simplemente tendría que dejar todo eso de lado durante un cierto tiempo, como haciendo un paréntesis. ¡Pero yo estaba reciclando su antiguo aparato!

De niños, nuestras madres nos daban comida cuando estábamos inquietos, y a partir de ahí, cuando nos sentimos nerviosos, tendemos a ingerir las comidas que nos gustan y nos tranquilizan –los premios azucarados con los que crecimos–. El resultado es que, durante décadas, la maravillosa flora de nuestros aparatos digestivos se ha vuelto adicta a azúcares, hidratos de carbono y grasas basura, de modo que cuando ayunamos más de doce horas, los microorganismos que componen la flora digestiva se rebelan. *Nosotros* no nos estamos muriendo de hambre, pero *ellos* sí, de modo que comienzan a liberar toxinas químicas que llevan al cerebro señales de inanición. Aunque realmente no necesitemos alimento, nos sentimos con un hambre canina, simplemente porque la flora quiere comida.

Ahora bien, los microbios del aparato digestivo son extraordinariamente inteligentes y aprenden muy rápido. En solo veinticuatro horas podemos romper sus adicciones alimentarias y comenzar a establecer un nuevo equilibrio en la colonia, permitiendo que florezca la flora beneficiosa. Eliminando los azúcares, la fécula y las grasas perjudiciales, y tomando probióticos de calidad, las bacterias favorables reconolizan el aparato digestivo. Por eso son tan importantes los períodos breves de ayuno: restablecen el equilibrio en el aparato digestivo y activan todos los sistemas de reparación del cuerpo.

Samuel sabía teóricamente que los hidratos de carbono procesados, como el pan y la pasta, son extremadamente adictivos, ya que estimulan los mismos centros de recompensa en el cerebro que la cocaína. Tenía muy dañado su aparato digestivo, por todo el gluten y los alimentos procesados que había consumido durante años, pero eso no era suficiente para convencerle de que hiciera el cambio necesario para sanar su cuerpo y recuperar su vida. Ese día, a causa del cubo de la basura, estuvimos a punto de pelearnos a puñetazos. ¡Era la primera vez desde que era adolescente que alguien me empujaba contra la pared!

No todo el mundo tiene que tratar el gluten como una toxina, pero era obvio que Samuel no iba a romper su hábito y comenzar a reparar su cerebro a menos que pasara el síndrome de abstinencia. Finalmente, y aunque a regañadientes, aceptó los cambios que yo le estaba imponiendo, pero solo porque se había quedado sin excusas.

Lo que sucedió luego fue milagroso. En cuatro días, comenzó a sentirse mejor y a perder peso –más de medio kilo al día–. Y lo estaba haciendo eliminando de su dieta el gluten, el trigo, los carbohidratos, la leche, el café y los azúcares, y tomando los suplementos desintoxicantes que recomendé en el capítulo 5. No fue fácil. Un par de veces me llamó por la noche sollozando, por la cantidad de imágenes de su desgraciada infancia y adolescencia que inundaban su mente. Sin embargo, al final de la segunda semana, Samuel había perdido cerca de nueve kilos y la confusión de su cerebro había desaparecido. Fue capaz de dormir profundamente por primera vez en décadas. Y los suplementos desintoxicantes le estaban ayudando a eliminar las toxinas previamente acumuladas en su grasa corporal, de modo que no fueran reabsorbidas por su aparato digestivo. Samuel estaba preparado para la búsqueda de visión.

Así como Dios parece preferir las iglesias, el Espíritu diríase que prefiere lugares salvajes. De hecho, casi todos los encuentros memorables con lo divino, recogidos en mitos y en la historia, han ocurrido en entornos naturales –la selva, la cima de una montaña, el desierto–, pero rara vez dentro de una catedral. Samuel decidió que llevaría a cabo su búsqueda de visión en el Jardín Botánico Tropical de Fairchild, en Coral Gables (Florida), cerca de su residencia de verano. Iría a los jardines todos los días a las siete de la mañana, la hora de apertura, y se quedaría allí hasta que cerrasen. Su tarea era no hablar con nadie y simplemente sentarse a la sombra de los árboles que más le gustasen y beber mucha agua durante todo el día.

Después de sus tres días de búsqueda de visión, Samuel me dijo:

—Aunque no he encontrado a Dios, he descubierto una calma que solo había conocido de niño. Después del segundo día, mi mente dejó de pensar en todas las tareas importantes que tenía que hacer. Siempre había creído que si no hacía todas esas cosas, el mundo se acabaría. Los árboles tropicales me mostraron que yo era como ellos –hojas que caen, brotes que indican el crecimiento de algo nuevo, la necesidad de raíces profundas para sostenerme durante los vientos fuertes y las tormentas– y que era mi trabajo ayudar a crear un mundo que no fuese arruinado por la locura y la codicia humanas.

»La parte más difícil fue la de los rugidos de mi estómago –me contaba–. Por primera vez en mi vida he experimentado verdaderamente hambre. Al principio no podía pensar más que en una chocolatina que tenía en mi coche. Pero después del segundo día, mi obsesión con el hambre pasó. Tras el tercer día, creo que podría haber estado sin comer durante otra semana. La incomodidad física por no comer terminó y sentía una tremenda energía. Tenía la cabeza clara y lúcida, y experimentaba una tremenda sensación de paz.

Continué trabajando con Samuel durante otro año y siguió sin tomar ni trigo ni leche. Realizamos iluminaciones cada dos semanas para limpiar las huellas de la ira, de la obesidad y de las enfermedades cardíacas de su CEL. Había rescatado su máquina de hacer pan del cubo de la basura, pero nunca la utilizó de nuevo, y después de seis meses, sus niveles de azúcar en sangre volvieron a la normalidad. Se hizo análisis de sangre de IGF-1, un marcador tumoral, de manera regular y hallé que sus niveles habían descendido más del 30%.

Actualmente, Samuel practica budismo zen.

—Es la religión menos religiosa que he podido encontrar –explicó.

Durante su búsqueda de visión descubrió una vida interna acerca de la cual había leído en los libros que publicaba, pero nunca había estado totalmente convencido de que era real. Mediante la práctica de la meditación, investiga su mundo interno con el mismo sentido de aventura que los primeros exploradores debieron de experimentar al descubrir nuevas tierras en América. Está fascinado por los gozosos paisajes de su mente, a la que por fin tiene acceso, en lugar de rumiar sobre su lista de tareas por hacer y lamentarse de su niñez.

VOLVER A LA VIDA

George era un médico que vino a mi consulta casi literalmente arrastrado por su mujer. Estaba sufriendo una quimioterapia muy agresiva que no daba los resultados esperados. El tumor no se reducía y su sistema inmunitario apenas reaccionaba. Consintió verme solo porque su mujer, estudiante en nuestra Escuela del Cuerpo de Luz, le había convencido de que no tenía nada que perder.

George no veía la relación entre su trabajo estresante, su consumo de cafeína –media docena de tazas al día–, su dieta –con un gran exceso de carbohidratos– y su cáncer.

Mi amigo, el doctor Dean Ornish, en su investigación clínica en el Centro Médico de la Universidad de California, descubrió que los pacientes con cáncer de próstata que cambiaban a una dieta fundamentalmente basada en plantas y baja en calorías podían invertir espectacularmente el cáncer en etapas iniciales en un período de seis meses.[42] Es sorprendente el poder que tienen las verduras de activar los genes que crean salud y desactivar los que provocan enfermedad. Inmediatamente le pedí a George que se pasase a una dieta basada en plantas y rica en verduras crucíferas, incluyendo brócoli y coles de Bruselas, y grasas saludables como aguacates y nueces. Iba a comenzar cada mañana con un zumo verde desintoxicante. Le pedí también que se mantuviera alejado del gluten y de todos los cereales y que evitase la carne roja. Después de décadas de tomar comida rápida tóxica en el hospital, en solo tres semanas perdió casi cinco kilos. Cada día se sentía mejor y los marcadores tumorales habían comenzado a retroceder.

—Ahora tienes que hacer tu búsqueda de visión –le dije.

George me respondió que la última vez que había estado en la naturaleza fue como *boy scout* hacía cuarenta años. Cuando no estaba trabajando en el hospital, empleaba todo el tiempo de calidad en estar con sus hijos, de modo que no pensaba que debiera tomarse un fin de semana para irse solo al bosque.

—Haré mi búsqueda de visión en el hospital mientras trabajo –decidió–. Puede que esté un poco confuso al comienzo, pero eso no constituye un problema. Cuando llega un caso urgente, la adrenalina me permite descartar toda confusión mental inmediatamente.

El hospital donde trabajaba George era un centro especializado en traumas en Miami, y le pedí que pronunciara una oración por cada paciente que tratase. Además le sugerí que mientras les estuviera arreglando los huesos, admirase la belleza de los vasos sanguíneos, de los músculos y de los demás tejidos que constituyen el cuerpo. También le dije que estuviera atento para ver a cada uno de sus pacientes como un ser humano, no como una herida por disparo o un diagnóstico. De todo lo que le pedí que hiciera, me aseguró que esto último era lo más difícil, pues, como la mayoría de los médicos, había sido formado para ver a los pacientes de manera impersonal, manteniendo la distancia profesional. La mayoría de los doctores, quizás temiendo abrumarse por sus sentimientos frente al sufrimiento, se hallan más cómodos relacionándose con síntomas y órganos que con pacientes vivos, que respiran y que están aterrorizados.

—Comprende que estás realizando el trabajo del Espíritu cada vez que tocas a alguien –le dije–. Y bendice a cada uno de tus pacientes con una oración o un pensamiento.

Sea cual sea tu profesión, una vez has comprendido que el trabajo del Espíritu puede convertirse en *tu* trabajo –que el Espíritu puede trabajar a través de tus manos, tu corazón, tus sentimientos, tu habilidades–, tu vida adquiere mayor sentido. George me dijo que los momentos más duros eran los días de luna llena, cuando el número de pacientes que llegan con heridas de bala, lesiones por accidente o sobredosis de drogas o alcohol parece ser mayor que en cualquier otro momento del mes. Él empezó su búsqueda de visión precisamente un día de luna llena y decidió que practicaría la observación de su respiración para permanecer atento a lo que estaba experimentando y conectar con cada paciente como un ser humano más que como «la herida de pistola de la cama 6». Intentó percibir la inspiración y la espiración, y en el momento de quietud entre ambas se detendría, apreciando cada preciosa gota de aire. Al respirar se repetía: «En cada respiración, inspiro salud, vitalidad, amor y perdón».

—Puedo arreglármelas sin comida –me dijo–, pero no puedo apañármelas sin café.

Yo también disfruto con el café, y puedo entender la desazón de George. De hecho, esta bebida se utiliza como una medicina sagrada en muchas partes del mundo. Los derviches giróvagos sufís son conocidos como bebedores de café. Este, quizás más que cualquier otro alimento, es un poderoso activador de los senderos de desintoxicación celular y de las proteínas de la longevidad del cuerpo. Nadie sabe exactamente cómo o por qué funciona esto, pero incluso los oncólogos están actualmente recomendando que los pacientes de cáncer de hígado beban tres o cuatro tazas de esta sustancia oscura cada día. Pero si se está estresado y se vive en un estado constante de «luchar o huir», la cafeína no hace más que exacerbar el problema. Le expliqué a George que era esencial que dejara de tomar café, al menos una semana antes de comenzar la búsqueda de visión. Necesitaba proporcionarle a su crispado sistema nervioso un descanso muy necesario.

Cuando lo vi en mi consulta quince días después de su búsqueda de visión de una semana de duración, estaba eufórico. Había dejado el café –hizo trampa solo dos veces con un expreso al comienzo de la semana–. El primer día de ayuno se sintió increíblemente débil y hambriento. Pero se concentraba viendo a cada paciente, por sucio o enfermo que estuviera, como un ángel en formación. Se encontró tocando a gente a la que antes nunca se hubiera acercado, a no ser con guantes de látex y un aire de desapego: un vagabundo empapado en su propia orina, un matón con una bala en la pierna... Al tercer día se había topado con un extraordinario depósito de energía. Los retortijones de hambre se habían disipado, bebía una gran cantidad de agua y estaba sorprendido de la cantidad que defecaba cada día, dado que no estaba comiendo nada. Se cuerpo se estaba limpiando y desintoxicando, eliminando décadas de desechos que había acumulado en su tracto digestivo.

Al tercer día, George había cambiado al sistema cetónico, quemando grasas en lugar de azúcares para alimentar su cuerpo –incluido su cerebro–. Al activar su cerebro superior, era capaz de visualizar una vida de salud y bienestar para sí mismo. Y desde esa posición ventajosa recién descubierta redefinió su trabajo. Ya no era un mecánico colocando brazos, estómagos y huesos rotos; era un artista ayudando a la gente a recobrar su salud desde el umbral de la muerte. La última vez que hablé con él, su cáncer estaba remitiendo. Había recuperado su vida.

COMUNIÓN CON LA CREACIÓN

La Medicina del Espíritu te permite experimentar la comunión con el Espíritu y comprender el funcionamiento de la creación. Esta comprensión no es académica o intelectual; es cenestésica y sensorial: un *saber* que impregna cada célula de tu cuerpo. No se trata de que súbitamente tengas un momento «eureka» y captes la primera ley de la termodinámica y la conservación de la energía. En lugar de eso experimentas una conciencia trascendente que impregna todo tu ser. Captas verdaderamente que la energía y la conciencia nunca pueden destruirse, solo transformarse en multitud de configuraciones y formas, una de las cuales resulta que eres tú.

Cada uno de mis pacientes mencionados en este capítulo –Sally, Samuel y George– experimentó una comprensión intuitiva, profunda, de la maravilla y el milagro de la Medicina del Espíritu. Para Sally, esta nueva conciencia surgió mientras descansaba en el desierto bajo el firmamento nocturno, observando las estrellas que sabía que siempre habían estado allí, ocultas tras la polución de Nueva York. Para Samuel, observar su hambre y sus deseos y descubrir hasta qué punto le gustaba tratar de resolver temas profundos le condujo a una investigación más profunda de su mente. Comenzó definiendo un problema, cualquier problema, y luego preguntándose: «¿Quién es el que está pensando sobre esto? ¿Quién está haciéndose la pregunta?». Estas cuestiones le llevaron al zen, una práctica meditativa despojada de todo ornamento, en la que el practicante simplemente observa su respiración y contempla la mente en toda su locura y su creatividad. En cuanto a George, aprendió que podía ver el Espíritu en cada persona, y ciertamente *necesitaba* ver al Espíritu en cada uno, para llegar a ser un mejor médico y un mejor sanador. Entretanto se sanó a sí mismo.

Cada una de estas personas volvió a verme varias veces, sin que algo estuviera yendo mal, sin que hubiera nada que reparar. Simplemente querían más Medicina del Espíritu, la cual los había sanado física y emocionalmente. Realicé iluminaciones preventivas con ellos, para ayudar a limpiar cualquier huella residual de enfermedad de su campo de energía luminosa.

Normalmente, sanar el espíritu es el último paso para la gente que busca sanar en nuestra sociedad, pero a menudo es el primer paso para aquellos que buscan la Medicina del Espíritu. La búsqueda de visión en la que Sally, Samuel y George se embarcaron –permaneciendo en el desierto, un jardín botánico o un hospital, con tan solo agua para sostenerlos– era el mismo tipo de retiro, el mismo tipo de búsqueda del Espíritu que Jesús y el Buda emprendieron. Se enfrentaron a los demonios del hambre, la ira y la autocrítica. Sus búsquedas de visión repararon sus cuerpos y prepararon sus cerebros para sus grandes misiones. Después volvieron a sus casas tras haber hallado un nuevo sentido y la misión de compartir con la humanidad lo que habían aprendido.

Durante una segunda búsqueda de visión, Sally tuvo un sueño que dio respuesta a una pregunta crucial: «¿Cuál es el asunto central en la siguiente etapa de mi vida?». Previamente le había explicado que no se puede solucionar problemas en los sueños con el cerebro azucarado, sino con el cerebro adecuadamente sanado, pues era la manera de tener acceso a una sabiduría inhabitual. Este es el sueño, tal como me lo relató a mí:

> Estoy en el pasado, hace siglos, y le digo a mi amado que le encontraré de nuevo, que no se preocupe. Cruzo una puerta de cristal –es el momento de decirnos adiós– y de repente me encuentro en un museo, en el presente. Estoy sorprendida por mi vestimenta moderna. Hay un hombre conmigo. Me doy cuenta de que tengo que buscar a mi amado aquí y me pregunto si es este hombre. Él se gira y me dice que no es aquel a quien estoy buscando, pero que me llevará a él. Estoy

buscando al Amado, no el amado humano, sino el Espíritu. Y el Espíritu está ya caminando junto a mí.

—En el sueño había una gran familiaridad –me dijo Sally–, como si mi amado hubiese estado siempre ahí. Y sentí que en una vida anterior también había estado buscando a Dios.

Se dio cuenta de que no solo había estado buscando al compañero humano correcto, sino también al Espíritu, el único amante que la llenará plenamente. Comprendió que tenía que encontrar al Espíritu *en* su compañero y *con* su compañero.

ANIMALES DE PODER

En las culturas chamánicas, cuando se realiza una búsqueda de visión, tradicionalmente un animal de poder te aparecerá en un sueño o una visión. El término *animal* viene de la misma raíz que *anima*, «alma», «hálito», «fuerza vital». Carl Jung utilizaba *anima* para referirse al principio femenino. Así pues, un animal es una expresión del aspecto femenino del alma del mundo. El animal de poder simboliza el aspecto salvaje, no domesticado de tu ser, el aspecto que no tiene dueño, que no se casa con ninguna lista de normas y es libre como el viento. El animal de poder representa tu alma libre, sin trabas, la parte de ti que no ha sido aplastada por el mundo moderno.

Si visitas algunas cuevas en Francia y España, puedes ver pinturas antiguas de osos, bisontes, lobos y otros animales dibujados por artistas paleolíticos. La gracia, el poder, la dignidad y la belleza de estas criaturas destacan con gran intensidad. La pintura «El Hechicero», en la gruta de Trois Frères, en Ariège (Francia), representa una figura mítica, en parte humana, en parte con atributos de ciervo, y se cree que es un chamán. Las criaturas que son en parte humanas y en parte animales representan nuestro parentesco con todos los animales.

Para los seres humanos del período paleolítico, los animales eran sagrados. Actualmente, en Occidente, solo nuestras mascotas lo son, y comemos carne de animales criados de la manera más inhumana, masacrados en los mataderos, antes de ser empaquetados en plásticos y enviados a las tiendas de comestibles. No obstante, la humanidad tiene una memoria colectiva de nuestra asociación con los animales, y vemos esto en las culturas nativas americanas, en las que la familiaridad se basa en los clanes denominados según sus tótems: lobo, oso, serpiente de cascabel, etc. Pero aquellos de nosotros que vivimos fuera de las culturas tribales estamos desconectados de la Madre Tierra, sus estaciones y sus criaturas, y tenemos muy poca relación, o ninguna, con animales de poder de todo tipo.

La mayoría de nosotros nos veríamos en un aprieto incluso para nombrar los animales estatales o nacionales. Cada estado de Estados Unidos tiene un animal simbólico, como el oso pardo de California o el muflón de Colorado. De manera similar, también los países tienen animales simbólicos. El gallo se asocia con Francia, el oso con Rusia y el panda con China. El águila es el símbolo nacional de, al menos, ocho países, entre los cuales se halla Estados Unidos.

Cuando conectas con un animal de poder, estás conectando con la psique o el alma de la naturaleza. Durante la búsqueda de visión invitarás a un animal de poder a que venga y te enseñe sus modos de hacer. Esto se hace simplemente formulando tu intención en forma de una oración. Por ejemplo: «Gran Espíritu, creador de todas las cosas, bendíceme con la visita de una de tus criaturas, y que me aporte la sabiduría y la fuerza que necesito en este momento de mi vida».

La primera vez que te encuentras con el espíritu de un animal, puedes no tener ni idea de por qué esa criatura en particular ha venido a ti. Simplemente acepta su presencia y recuerda que el animal de poder es un emisario del Espíritu, que viene para guiarte a dar el próximo paso en tu desarrollo. Los animales de poder son protectores y maestros.

Sally se trajo de su búsqueda de visión un lobo –el mismo animal del que más miedo tenía por si la convertía en su comida–. Cuando le pregunté qué simbolizaba el lobo para ella, dijo que creía que había venido a mostrarle su pertenencia a una manada. Los lobos se alejan de la manada y viajan solos, pero siempre vuelven a casa, con su compañero. Estos animales se unen de por vida, o al menos practican una estricta monogamia, lo cual era una lección que Sally ansiaba aprender, una vez encontrase el compañero adecuado.

En su búsqueda de visión, Samuel encontró una ardilla en un sueño. Esta le ofreció una bellota y luego se la arrebató de nuevo, arañándole la cara en su recorrido. Su sueño nos dejó aturdidos a ambos, hasta que le pedí a Samuel que mantuviera un diálogo con este animal de poder. Hay varios modos de tener un diálogo con un animal de poder, pero en este caso le dije que comenzase por trazar una línea vertical en el centro de una hoja de papel y escribiese su nombre en la parte izquierda, y luego que hiciese un esbozo del animal de poder en la parte derecha.

En este método de diálogo con un animal de poder, se comienza preguntándole: «¿Quién eres?». Luego escuchas la respuesta y escribes lo que te diga el animal de poder. La ardilla de Samuel fue muy clara: había venido a enseñarle a no acumular. Una de las primeras cosas que le dijo fue que ella sabía cuántas bellotas exactamente necesitaba para pasar el largo invierno y que más bellotas no significa más seguridad. Samuel comprendió que las bellotas se referían a su peso. No necesitaba almacenar más grasa corporal para el largo invierno que nunca vendría. Y luego vio que su hábito de acumular había llegado hasta él a través de tres generaciones de antepasados judíos que habían sido perseguidos, despojados de sus posesiones y propiedades, y luego obligados a huir de sus países. Fue un momento decisivo para Samuel el hecho de darse cuenta de que no necesitaba seguir viviendo la historia familiar de escasez. La ardilla había venido a enseñarle a pasar más tiempo correteando entre los árboles y saltando entre las ramas, y menos tiempo almacenando alimento para los años de escasez.

Cuando se recupera un animal de poder durante una búsqueda de visión, estás invitando a que lleguen a tu vida las cualidades que representa. A través del animal puedes investigar nuevas facetas de ti mismo. Puedes cultivar una relación con un animal de poder encarnándolo –imaginando que miras con los ojos de un jaguar, por ejemplo, o saltando con gracia, como una gacela–. O puedes practicar yoga o una de las artes marciales que tienen posturas o movimientos denominados con el nombre de los animales que sugieren. Piensa en posturas de yoga como el camello, la cobra, el león, o el perro, o en movimientos de Tai Chi con nombres evocadores como Pájaros Volviendo a los Árboles al Anochecer, el Movimiento de la Cola del Dragón o El Caballo Celestial Cruzando el Firmamento, o los cinco estilos de Kung Fu: tigre, leopardo, grulla, serpiente y dragón.

Siempre que puedas, dialoga con tu animal de poder. Deja que te enseñe cómo caminar suavemente sobre la tierra y cómo ver cosas que no son obvias para los ojos humanos. Tu poder despierta tus instintos animales, que pueden serte útiles en todas las situaciones. Estos no son tus instintos primarios, predadores, centrados en la supervivencia del yo, sino más bien los que alimentan la empatía hacia las demás especies y te permiten vivir en equilibrio y armonía con toda la naturaleza.

UNA EXPERIENCIA QUE CAMBIA LA VIDA

Una búsqueda de visión puede cambiar tu vida para siempre. Es imposible olvidar el intenso despertar a tu naturaleza luminosa que adviene cuando cesan los retortijones del hambre. Este despertar de la percepción superior –que algunos llaman iluminación o experiencia de renacer– levanta el velo entre el mundo visible y el invisible. Cuando el velo se levanta, instantáneamente te haces consciente de tu Unidad con el Espíritu y con toda la creación.

La búsqueda de visión exige un compromiso, y muy probablemente te causará alguna incomodidad física y emocional. Pero es una manera potente de comenzar tu transformación, un modo de hacer arrancar tu evolución personal.

CREAR TU PROPIA BÚSQUEDA DE VISIÓN DE TRES DÍAS

La búsqueda de visión en solitario es el paso final en la recepción de la Medicina del Espíritu. Tradicionalmente tiene lugar en un entorno natural. El ayuno y la meditación constituyen las prácticas fundamentales para producir una profunda experiencia de despertar al Espíritu y realizar tu Unidad con toda la creación.

Antes de comenzar una búsqueda de visión, asegúrate de haber seguido el ayuno de azúcar de dieciocho horas, descrito en el capítulo 4, al menos durante tres meses. Esto asegurará que tu cuerpo sepa cómo entrar en cetosis –el cambio de glucosa a grasa como su energía fundamental–. De otro modo, estarás hambriento y te sentirás mal en la jungla durante tres días, sin que se produzcan los beneficios sanadores de la búsqueda de visión.

Las sugerencias siguientes te ayudarán a que tu búsqueda de visión de tres días sea un éxito:

El lugar: para encontrar un lugar adecuado para la búsqueda de visión, imagina que has sido guiado por un jaguar a un sitio apartado, en la naturaleza. Los gatos tienen un increíble sentido de dónde descansar, mientras que los perros están siempre olisqueando aquí y allá, probando un sitio y luego otro. Tu gato imaginario te llevará al lugar adecuado. Asegúrate de que sea hermoso, seguro y lo suficientemente apartado como para no ser interrumpido por excursionistas.

Si decides no ir a la selva o al bosque para tu búsqueda de visión, puedes seleccionar un lugar más cerca de tu casa –incluso en una zona urbana–. Las historias de Samuel y de George ofrecen ideas sobre cómo elegir un lugar alternativo.

Equipamiento: puedes llevar un saco de dormir y un cojín. Y, si quieres, una tienda. Pero asegúrate de no olvidar un cuaderno o un diario, y un bolígrafo, para poder anotar tus sueños y cualquier memoria o sentimiento intenso que surja. No lleves ordenador ni ningún otro aparato electrónico. Tampoco material de lectura.

Puedes llevar un móvil, pero solo para utilizarlo en caso de emergencia. Informa de dónde vas a estar exactamente a algún amigo o familiar (o si estás en un parque público o un lugar protegido, a un guarda). Si quieres, puede pedirle a alguien que vaya a comprobar cómo estás una vez al día, preferiblemente por la tarde o la noche, para no distraerte.

Estableciendo el espacio: cuando llegues al lugar elegido para tu búsqueda de visión, traza un círculo de unos seis metros de diámetro alrededor de tu tienda. Este es tu espacio y permanecerás dentro durante los tres días, saliendo de él solo para realizar tus necesidades en el bosque o detrás de un arbusto (lleva unas cuantas bolsas de basura para los desechos).

Ayuno: ayunar constituye una parte esencial de la búsqueda de visión. Además de llevar tu cuerpo a un estado de cetosis, desintoxica las células durante la autofagia y pone en marcha la producción de células madre en el cerebro

Pasarás hambre y tu estómago comenzará a rugir. A menudo, sin embargo, el rugido será más fuerte en tu cabeza que en tu estómago. Tu cerebro límbico echa en falta alimentos ricos en glucosa y cree que morirá si pasa por alto una comida. Convierte el rugido en una oportunidad para observar lo salvaje que es tu mente

Junto a los retortijones de hambre, probablemente experimentarás cambios en el estado de ánimo, baja energía e irritabilidad durante el primer día del ayuno, o un poco más. La mayor parte de la incomodidad procede del hecho de que tu cuerpo se está desintoxicando. Durante las veinticuatro primeras horas de un ayuno quemarás todo el glucógeno almacenado en tu hígado y luego comenzarás a quemar proteínas de tus músculos, incluyendo el corazón. Después de eso, tu cuerpo entrará en cetosis y pasará a quemar grasas. Podrás decir cuándo has pasado a quemar grasas porque tus retortijones de hambre desaparecerán.

Ayunar durante tres días es perfectamente seguro para la mayoría de las personas que tienen una buena salud. Si te preocupa esto, consulta con tu médico o tu consejero en cuestiones de salud antes de comenzar la búsqueda de visión. Si eres diabético, estás tomando medicación o pasando por una enfermedad aguda, no ayunes sin consultar antes a un médico. Hay muchos lugares en los que puedes hacer un ayuno supervisado, incluyendo nuestro Centro de Medicina Energética en Los Lobos (Chile) y el Centro Árbol de la Vida en la Patagonia (Arizona), del doctor Gabriel Cousens.

Durante tu búsqueda de visión, escucha a tu cuerpo y sigue sus insinuaciones. Si en cualquier momento te sientes muy enfermo o tu azúcar en sangre está descendiendo peligrosamente, rompe el ayuno. Yo siempre tengo chocolate y algunos alimentos básicos, como nueces y frutos secos, en mi coche, para casos de emergencia. Saber que tienes chocolate a pocos metros hace que el ayuno sea más difícil, pero puedes convertir este deseo en una meditación –otra oportunidad para observar la locura de la mente límbica.

Agua: es imprescindible para mantenerte hidratado. Has de beber al menos cuatro litros de agua cada día, así que tenlo en cuenta para preparar las provisiones. Si tu búsqueda de visión va a ser en un clima desértico, árido, necesitarás más –cerca de seis litros al día–. La norma es orinar cada hora. Si no lo haces tantas veces, es que no estás bebiendo suficiente agua.

Aburrimiento: te aburrirás. Considera el aburrimiento como un indicador de que te estás acercando al estado de contemplación en el que quieres estar. El aburrimiento y la inquietud son el resultado del cerebro límbico haciendo de las suyas para atraer la atención. Mantente consciente en el aburrimiento, sabiendo que es parte del proceso. Igual que el hambre, pasará.

El tiempo: deja tu reloj en casa. Mirar la hora no hará que el tiempo pase más rápido, y tú estás intentando dar un salto a la atemporalidad. Utiliza tu reloj interno a través del sol y las estrellas.

Meditación: durante el día puedes hacer el ejercicio «soy mi respiración», del capítulo 11, o «meditar con el jaguar», del capítulo 10. Por la noche, si enciendes una hoguera o una vela, puedes realizar el ejercicio de quemar viejos roles o identidades descrito en el capítulo 9 (si enciendes una hoguera o una vela, asegúrate de que no haya broza cerca que pudiera arder y de que el fuego queda completamente apagado antes de abandonar la zona).

Oración: durante tu búsqueda de visión, reza, da gracias por la belleza que te rodea y por cada una de tus respiraciones. Da gracias por tus retortijones de hambre o por los lobos que estás seguro de que te devorarán por la noche. Reza con el corazón y no con la cabeza.

Terminar tu búsqueda de visión: haz planes para terminar tu búsqueda de visión de tres días antes del anochecer del tercer día. Antes de abandonar el lugar, asegúrate de recoger toda la basura y llevártela contigo. Deja el lugar como lo encontraste –o más limpio–. No dejes huellas.

Conclusión

LA MEDICINA DEL ESPÍRITU Y MÁS ALLÁ

No dejaremos de explorar,
y el fin de toda nuestra exploración
será llegar allí donde comenzamos
y conocer el lugar por primera vez
T. S. Eliot

El futuro Buda tuvo que hacer frente a muchas pruebas. En cuanto se sentó bajo el árbol Bodhi recibió la visita del demonio Mara, el Señor de la Muerte, armas en mano, rodeado de su ejército. La leyenda dice que todas las deidades protectoras del universo huyeron, aterrorizadas, pero Siddharta permaneció inmóvil. Aunque el demonio le lanzó rayos y flechas encendidas, quedaron transformados en flores que aterrizaban a los pies de Siddharta. El futuro Buda se inclinó para tocar con la mano derecha el suelo, reclamando su lugar, y la diosa de la tierra apareció para dar testimonio de su iluminación. Con un poderoso rugido, ella ahuyentó al demonio.

La tradición cuenta que durante la larga noche que condujo a su iluminación, el Buda adquirió tres dones: el ojo divino de la visión omnisciente y el conocimiento de todas sus existencias anteriores; la comprensión del karma, la cadena de causa-efecto y la liberación, y las Cuatro Nobles Verdades, las leyes fundamentales de la existencia. Se dice que el Buda consideró la posibilidad de guardar su sabiduría para sí mismo, dudando de que los humanos estuvieran preparados para tal enseñanza, pero Brahma intervino, y lo convenció de que compartiera con los seres humanos y los dioses las profundas verdades que había descubierto.

¿Qué hacemos después de recibir la Medicina del Espíritu? ¿Vamos, como el Buda, al mundo y enseñamos lo que hemos aprendido? ¿Deseas huir del campo de batalla, como Arjuna, angustiado por no poder evitar el sufrimiento de la vida? O, como Joseph Campbell dice:

> Igual que la mayoría, tenemos una imagen de nosotros mismos falsa, en última instancia injustificada, como un fenómeno excepcional en el mundo, no culpable como lo son otros, sino justificado en su inevitable pecar, ya que uno representa el bien. Tal autorrectitud conduce a un malentendido, no solo de uno mismo, sino también de la naturaleza del mundo y del ser humano.[43]

Los héroes y las heroínas –tanto los míticos como los reales– cuyos viajes hemos explorado a través de estas páginas nos recuerdan que nuestra meta es entablar una relación con el principio-guía universal que llamamos el Espíritu. Y luego podemos ponernos a reparar el tejido desgarrado de nuestras propias vidas, nuestra salud y la de la humanidad, que necesita urgentemente toda la sabiduría que podamos impartir.

SANANDO EL MUNDO

Así pues, ¿cómo le aportamos al mundo los dones sanadores de la Medicina del Espíritu? La situación global es cada vez más preocupante a todos los niveles –político, económico, social y ambiental–. La primera década del siglo XXI fue la más calurosa de la historia registrada. En 2007, los expertos en el clima nos dijeron que para evitar consecuencias irreversibles, tendríamos que asegurarnos de que el nivel de dióxido de carbono en la atmósfera no excediese las 300 partes por millón. Pero ya en 2014 habíamos sobrepasado las 400 partes por millón, sin ninguna señal de que vaya a reducirse. Los biólogos, relacionando directamente el ritmo de extinción de especies vegetales y animales con las emisiones de gases de efecto invernadero, nos advierten de que nos encontramos en el umbral de una extinción masiva. Extinciones masivas han ocurrido solo cinco veces desde que la vida surgió en la Tierra hace unos cuatro mil millones de años. Ahora nos enfrentamos al sexto evento catastrófico de tal magnitud.

Cuando estamos atascados en nuestros viejos paradigmas y creencias, damos por sentado que, en cuanto individuos, somos impotentes y no podemos salvar ni a las ballenas, ni a la humanidad, ni al planeta. Es cierto: ninguno de nosotros, por sí solo, puede detener el terrorismo, limpiar las toxinas del medio ambiente, detener el deshielo de los casquetes polares o evitar las crisis económicas. Ahora bien, lo que sí podemos es sanar los males que amenazan nuestra supervivencia. Podemos sanar nuestra masculinidad interna, abandonando la guerra como un medio de resolución de conflictos. Podemos sanar nuestra feminidad interna, convirtiéndonos en administradores de la Tierra. Y, si no hemos aprendido nada más con la recepción de la Medicina del Espíritu, seguro que hemos aprendido que junto con el Espíritu y los unos con los otros, estamos constantemente cocreando el mundo. Siempre podemos realizar una mejor contribución.

La Medicina del Espíritu enfatiza la capacidad que tiene el cuerpo de eliminar las toxinas a las que estamos expuestos, sean los productos que polucionan el aire, el agua o nuestra comida, sean los venenos mentales del pensamiento y los sistemas de creencias insanos. La Medicina del Espíritu nos permite también acceder a nuestra capacidad innata de mejorar el cerebro, para sostener la conciencia que crea la salud. Y la ventaja es que ayudándonos a nosotros mismos, ayudamos también a la Tierra. Al descartar las creencias y las conductas tóxicas y depredadoras, podemos participar en la cocreación de un modo sostenible para todos de vivir juntos en el planeta. Si fracasamos en esto, la humana bien podría convertirse en la próxima especie extinguida.

En Occidente, la búsqueda de la iluminación se considera en gran medida como una búsqueda individual, una aventura mística para uno mismo. Pero la Medicina del Espíritu es también social y política. Al sanar tu cerebro y alinear la duración de tu salud con la duración de tu vida, puedes aportar una perspectiva iluminada a tu comunidad, proteger la tierra, limpiar los ríos y canales y convertirte en un agente de interacciones pacíficas.

Como indica la frase de los sioux lakota *Mitakuye Oyasin,* que puede traducirse por «todas mis relaciones», todos estamos relacionados, todos nos encontramos aquí juntos. La recuperación es recíproca: sanándote a ti mismo, sanas al mundo; sanando al mundo, te sanas a ti mismo. Una vez te has dedicado a mejorar tu salud y la salud de la Tierra y de todas las criaturas, el mundo del Espíritu estará a tu lado para apoyar tu compromiso.

ARMONÍA INTERIOR

La paz y la armonía del mundo comienzan con tu paz interior. Tu aparato digestivo es un mundo en sí mismo, un ecosistema enormemente complejo. Y, dado que tu cuerpo alberga diez veces más ADN microbiano que células de tu propio ADN, aprender a vivir armónicamente con los microorganismos de tu interior es obviamente fundamental para tu supervivencia. La salud sostenible depende de aprender no solo a sobrevivir, sino también a crecer sano con todas las bacterias, virus y otras células de tu cuerpo.

Tu cuerpo es tu tierra, el fundamento sobre el que descansa tu vida. Llenarlo de productos farmacéuticos nocivos es carecer de una visión clara. Actualmente estamos haciendo frente a brotes mortíferos de bacterias a causa del abuso de antibióticos y limpiadores antimicrobianos que han permitido que los gérmenes, que siempre tienen muchos recursos, muten en especies resistentes a los medicamentos. Tu salud y la salud del planeta dependen del establecimiento de nuevas relaciones con todas las criaturas, incluyendo los microbios de tu cuerpo y las mitocondrias de tus células. Una vez has dejado de combatir la enfermedad y has hallado el equilibrio y la paz interiores, puedes comenzar a compartir con otros este conocimiento que salva vidas.

DE ADMINISTRADORES A SOÑADORES

Históricamente, las religiones abrahámicas –judaísmo, cristianismo e islam– han privilegiado al hombre sobre la naturaleza. Para esta forma de pensar, nuestra casa terrestre es solo una estación de paso hacia la beatitud de la vida eterna. El cuidado del planeta y de todas sus criaturas se ha dejado, en gran medida, al azar –en cualquier caso no se consideraba responsabilidad del ser humano–. Sin embargo, para los científicos, la necesidad de asumir el cuidado de la Tierra es más apremiante. La mayoría están de acuerdo en que estamos abusando del planeta y que nos toca a nosotros salvarlo –hacer esas elecciones políticas y económicas que hemos estado dejando para las generaciones futuras.

Después de años viviendo en culturas chamánicas, soy muy consciente de hasta qué punto la visión del mundo indígena difiere del paradigma científico occidental, así como de las visiones religiosas occidentales. Para los indígenas, el bienestar del planeta es lo primero. Esto incluye igualmente el bienestar de todos sus habitantes, tanto los humanos como los que no lo son. Los pueblos indígenas creen que debemos cuidar del planeta no porque sea una casa efímera concedida por un Dios distante, sino porque es la Madre Tierra misma –nuestro hogar permanente, en el que hemos renacido vida tras vida.

Como Krishna le dice a Arjuna:

> Igual que una persona desecha la ropa gastada y se pone otra nueva, así el Yo encarnado se desprende del cuerpo y entra

> en otros que son nuevos... Las armas no lo cortan, el fuego no lo quema, el agua no lo moja, el viento no lo marchita... Este Yo no puede cortarse, ni quemarse, ni mojarse, ni marchitarse. Eterno, omnipenetrante, inmutable, inmóvil, el Yo es el mismo siempre.[44]

Los chamanes nos enseñan que la Tierra es el cielo que ganamos después de un largo viaje a través de los reinos del Espíritu, y debemos tratarlo como nuestro Edén. De otro modo, el planeta puede decidir que es insostenible seguir soportando a los más codiciosos de sus hijos. Y como nosotros, los más codiciosos, hemos requisado la mayoría de los recursos para nuestro propio uso, hemos puesto al resto de la naturaleza –a los inocentes– en peligro. Para la sanación y la supervivencia de la Tierra, necesitamos ahora un nuevo sueño, antes de que el daño que le hacemos sea demasiado grande para permitirle recuperarse sin perder a sus hijos.

Me encantan las catedrales medievales y he pasado muchas horas rezando en iglesias como Notre Dame, en París, con sus magníficos vitrales. Pero siempre me sorprende la poca atención que la mayoría de los centros religiosos presta al ecosistema del entorno. Por descontado, muchas iglesias y templos tienen bellos paisajes a su alrededor, pero nunca se duda de que lo divino no está en la hierba y los árboles, sino dentro del santuario, en el altar. Necesitamos adoptar una visión más chamánica de lo divino, como una fuerza numinosa que impregna toda la creación –animal, vegetal y mineral.

La huella que dejaron los antiguos en la Tierra fue muy moderada. Ciertamente, en parte se debe a que eran muy pocos y su tecnología era muy básica. El progreso ha pasado factura en los recursos del planeta. Lo hemos alterado bioquímicamente, y como estamos generando desechos tan rápidamente, ni siquiera nuestros residuos biodegradables tienen tiempo para reciclarse en los sistemas terrestres.

ELIGIENDO LA EVOLUCIÓN

A pesar de toda la devastación que hemos producido, hay signos esperanzadores. A lo largo y ancho de todo el globo, la gente está creando nuevos comportamientos que sustituyan a aquellos viejos que se han derrumbado más allá de toda recuperación posible, sea en infraestructura, en gobierno, en economía, en sanidad o en bienestar social. Las instituciones se están adaptando en respuesta a las necesidades en curso, y lo mismo sucede en nuestros cuerpos y nuestros cerebros.

La adaptación se refiere a cambios a corto plazo en individuos o grupos para encajar mejor en su entorno. En épocas de estrés y crisis global, como la actual, podemos enfermar –o podemos volvernos extraordinariamente sanos, si aprendemos a adaptarnos y desarrollarnos en condiciones rápidamente cambiantes–. Comparada con la adaptación, la evolución –cambio genético a largo plazo, para asegurar la supervivencia de la especie– se mueve a un paso muy lento. Pero hay evidencia ya de que nuestra fisiología está a punto de dar un salto evolutivo. Durante los últimos veinte mil años, el cerebro humano ha estado disminuyendo constantemente de tamaño, hasta llegar a perder un 10% de su volumen,[45] un grupo de neuronas de aproximadamente el tamaño de una pelota de tenis. En términos evolutivos, esto es un cambio espectacular y el preludio de lo que se conoce como especiación cuántica, el salto que puede producirse cuando una especie está amenazada de extinción.

Nos hallamos en un umbral evolutivo. En el pasado asegurábamos nuestra supervivencia matando a las especies que competían con nosotros –o en el caso de los neandertales a los familiares lejanos–. Y hemos diezmado o arrasado unas cuantas especies, con pelo, con aletas o con plumas. Un nuevo salto evolutivo permitiría sobrevivir a nuestra especie, pero no podemos darlo utilizando los métodos arcaicos del cerebro de rey tirano.

Colectivamente, ha de haber un imperativo biológico agitándose en nuestro interior para lograr la supervivencia, pero sería mucho mejor asegurar nuestra supervivencia a través de métodos menos violentos –mediante la evolución consciente, dicho de otro modo–. La Medicina del Espíritu nos da acceso a estados de conciencia que son cruciales para la evolución física, emocional y espiritual, frente a la crisis medioambiental y los cambios económicos, políticos y sociales a los que hacemos frente.

UN CEREBRO DIFERENTE

La selva es un lugar ruidoso, como lo es el mundo virtual de Internet y las redes sociales. No cabe duda de que el futuro pertenece a quienes se adapten al mundo virtual, aquellos que se encuentran en casa en la selva virtual y son conscientes de qué ramas que crujen hay que escuchar y cuáles hay que ignorar.

La generación que llega ahora a la mayoría de edad ha sido educada en un mundo totalmente conectado. Han utilizado la tecnología para comunicarse desde que pudieron escribir un mensaje en una pantalla digital. Hoy en día, el correo electrónico, los móviles, los fórums *on line* y las redes sociales son las formas principales de relacionarse entre sí y con todo lo que nos importa en la vida, desde apoyar esfuerzos para reducir las causas de la pobreza global hasta hacer planes con nuestros amigos para la noche del sábado. Ahora bien, toda generación necesita ser capaz de moverse entre el mundo virtual y el mundo de los sentidos con la facilidad con que el jaguar se mueve entre el reino invisible y el reino visible.

Mientras escribo esto, uno de los juegos *on line* más populares es *Minecraft*. En este mundo virtual, los jugadores son soñadores y creadores. Actúan juntos para conseguir elementos virtuales que alimenten, vistan y alberguen a sus yoes virtuales tal como los imaginan y construir nuevos sistemas. Como los mundos invisibles entre los que viajan los místicos, los jugadores de *Minecraft* habitan mundos virtuales separados por un fino velo. Uno de ellos se denomina *Supervivencia*, y en él los zombis pueden matarte y los recursos son escasos. A diferencia de este, *Creativo* es un mundo en el que nadie muere; hay depredadores, pero no te atacan, y en él hay recursos abundantes siempre. Pero los jugadores afirman que no es divertido jugar solo en *Creativo*. Sería muy aburrido, aseguran, evitar los retos del mundo de los depredadores, en el cual los jugadores tienen que agruparse para sobrevivir.

Muchos parece que prefieren el mundo virtual de *Minecraft* –incluso en el modo *Supervivencia*– que vivir en el mundo ordinario de los sentidos. Quizás se deba a que encuentran que la vida en el mundo físico puede ser agotadora y alienante, mientras que en *Minecraft* han dado con el secreto de cómo «soñar y traer al ser» activamente a la realidad.

El mundo virtual, especialmente en los sueños, tiene su lado oscuro. Pero el ciberespacio es también un lugar en el que podemos experimentar comunidad, creatividad y colaboración. Estos son valores perennes, coherentes con la perspectiva del Espíritu. Quizás no tenga que pasar mucho tiempo para que seamos capaces de «subir» nuestra conciencia a «la nube», «minimizando» nuestra existencia corpórea y habitando un mundo de creación propia –*Minecraft* a escala global–. Pero, incluso en ese momento, la Madre Tierra será la casa de la humanidad, y estamos encargados de ser sus administradores.

DEL CAOS VIENE LA CREACIÓN

Los chamanes creen que, hace mucho tiempo, en el mundo invisible se trazó el proyecto de la creación. El caos se convirtió en orden, en cosmos, a través de las acciones de los guardianes de la Tierra, que fueron capaces de soñar nuevos mundos y traerlos al ser, del mismo modo que los jugadores crean mundos virtuales hoy. Nuestro planeta fue «soñado y traído al ser», con las condiciones perfectas para el sostenimiento de la vida, con temperaturas estables en la estrecha banda entre los puntos de congelación y ebullición del agua.

Igual que la vida en la Tierra comenzó en una sopa primordial, hoy nos hallamos de nuevo en una sopa primordial de potencial creativo. La Medicina del Espíritu nos muestra el cuadro general, y desde esa perspectiva podemos convertir el caos en orden y belleza. La sanación es una forma de orden. Cuando traemos orden y armonía al cuerpo, la enfermedad desaparece y nos recuperamos. Creamos las condiciones para la salud, y la enfermedad se va. El cerebro límbico está preparado para resistir la incertidumbre, pero el caos constituye el estímulo que puede desencadenar el salto cuántico evolutivo. El viejo pensamiento dice que si no está roto del todo, no lo cambies. La conciencia del Espíritu sugiere que si no está roto, necesitamos romperlo, para que puedan surgir nuevas formas a partir de las viejas.

Los principales avances en las ciencias del cerebro son la neuroplasticidad –la capacidad del cerebro para cambiar y adaptarse, formando nuevas conexiones neuronales en respuesta a nuestras experiencias y a las exigencias ambientales– y la epigenética –que se ocupa de los cambios en el modo en que los genes se expresan–. Desde el capítulo 3, «Destronar al rey tirano», sabes ya que puedes reconfigurar tu cerebro para la cooperación y el gozo, en lugar de la competitividad y el miedo. Y a partir del capítulo 5, «Superalimentos y supersuplementos», sabes que puedes utilizar una dieta rica en fitonutrientes para reequilibrar los microorganismos de tu sistema digestivo, creando salud y claridad mental y afectando a la expresión de los genes. Dentro de esta vida, puedes realmente experimentar un cuerpo nuevo –las nuevas vestiduras de las que habla el *Bhagavad Gita*–. La neuroplasticidad y la epigenética nos dicen que no tenemos por qué sufrir las enfermedades de nuestros antepasados ni perpetuar sus creencias. Podemos experimentar estados de bienestar físico y de agudeza mental que nunca creímos posibles, así como alcanzar una sabiduría que nunca imaginamos. Y podemos hallar paz.

La búsqueda de la paz interior puede que sea uno de los anhelos humanos más importantes. Hay una famosa historia de un buscador que llega al gran maestro budista zen Bodhidharma y le pide que pacifique su alma. Bodhidharma le dice:

—Tráeme tu alma y yo la pacificaré.

A lo cual el buscador responde:

—Ese es el problema, que la he estado buscando durante años y no la he encontrado.

Ante eso, Bodhidharma declara:

—Tu deseo ha sido concedido.

El buscador comprende y se marcha en paz.

Lo que el buscador descubre es que el alma, la verdad fundamental de quién somos, no es algo distinto del cuerpo, el cuerpo político o el Espíritu. No es algo que pueda hallarse «ahí fuera». Como dice Joseph Campbell:

> Aquellos que saben no solo que el Eterno vive en ellos, sino también que ellos, y también las cosas, verdaderamente *son* el Eterno, moran en el bosque de los árboles de la realización del deseo, beben el elixir de la inmortalidad y escuchan en todas partes la música inaudible del acorde eterno.[46]

Esta es la promesa y el gozo de la Medicina del Espíritu.

NOTAS

1. San Juan de la Cruz, *The Poems of St. John of the Cross* (Chicago: University of Chicago Press, 1979), 19.
2. Stephen Mitchell, *Bhagavad Gita: A New Translation* (Nueva York: Three Rivers Press, 2002), 107.
3. «Risk Factors», Alzheimer's Association: www.alz.org/alzheimers_ disease_causes_risk_factors.asp.
4. «FastStats: Obesity and Overweight», Centers for Disease Control and Prevention (14 de mayo de 2014), www.cdc.gov/nchs/fastats/obesity-overweight.htm.
5. «The Medicare Prescription Drug Benefit Fact Sheet», *Kaiser Family Foundation*, 19 de septiembre de 2014, www.kaiseredu.org/Issue-Modules/ Prescription-Drug-Costs/Background-Brief.aspx.
6. Chia-Yu Chang, Der-Shin Ke y Jen-Yin Chen, «Essential Fatty Acids and Human Brain», *Acta Neurologica Taiwanica* 18, n.º 4 (diciembre de 2009), 231-241.
7. «Profiling Food Consumption in America», cap. 2 en *Agriculture Fact Book*, United States Department of Agriculture, 20, www.usda.gov/factbook/chapter2.pdf.
8. Owen Dyer, «Is Alzheimer's Really Just Type III Diabetes?», *National Review of Medicine* 2, n.º 21 (15 de diciembre de 2005), www. natio-

nalreviewofmedicine.com/issue/2005/12_15/2_advances_ medicine01_21.html.

9. Henry C. Lin, «Small Intestinal Bacterial Overgrowth: A Framework for Understanding Irritable Bowel Syndrome», *The Journal of the American Medical Association* 292, n.º 7 (18 de agosto de 2004): 852-858.
10. Els van Nood et al., «Duodenal Infusion of Donor Feces for Recurrent Clostridium difficile», *The New England Journal of Medicine* 368, n.º 5 (31 de enero de 2013): 407-415.
11. Hervé Vaucheret e Yves Chupeau, «Ingested Plant miRNAs Regulate Gene Expression in Animals», *Cell Research* 22 (2012): 3-5.
12. Jo Robinson, «Breeding the Nutrition Out of Our Food», *The New York Times*, 25 de mayo de 2013, www.nytimes.com/2013/05/26/opinion/sunday/breeding-the-nutrition-out-of-our-food.html?smid=pl-share.
13. Britta Harbaum et al., «Identification of Flavonoids and Hydroxycinnamic Acids in Pak Choi Varieties (Brassica campestris L. ssp. chinensis var. communis) by HPLC-ESI-MSn and NMR and Their Quantification by HPLC-DAD», *Journal of Agricultural and Food Chemistry* 55, n.º 20 (3 de octubre de 2007): 8251-8260.
14. Haitao Luo, et al., «Kaempferol Inhibits Angiogenesis and VEGF Expression Through Both HIF Dependent and Independent Pathways in Human Ovarian Cancer Cells», *Nutrition and Cancer* 61, n.º 4 (2009): 554-563.
15. Sally Fallon y Mary G. Enig, «Lacto-fermentation», for the Weston A. Price Foundation, 1 de enero de 2000, www.westonaprice.org/food-features/lacto-fermentation.
16. Martha Clare Morris, et al., «Consumption of Fish and N-3 Fatty Acids and Risk of Incident Alzheimer Disease», *Archives of Neurology* 60, n.º 7 (julio de 2003): 940-946.
17. J. S. Buell, et al., «25-Hydroxyvitamin D, Dementia, and Cerebrovascular Pathology in Elders Receiving Home Services», *Neurology* 74, n.º 1 (5 de enero de 2010): 18-26.
18. Michael F. Holick, «Vitamin D Deficiency», *The New England Journal of Medicine* 357, n.º 3 (19 de julio de 2007): 266-281.
19. Parris M. Kidd, «Glutation: Systemic Protectant Against Oxidative and Free Radical Damage», *Alternative Medicine Review* 2, n.º 3 (1997): 155-176.
20. Jeffrey D. Peterson, et al., «Glutation Levels in Antigen-Presenting Cells Modulate Th1 Versus Th2 Response Patterns», *Proceedings of the*

National Academy of Sciences USA 95, n.º 6 (17 de marzo de 1998): 3071-3076.

21. John Neustadt y Steve R. Pieczenik, «Medication-Induced Mitochondrial Damage and Disease», *Molecular Nutrition & Food Research* 52, n.º 7 (julio de 2008): 780.
22. Reiner J. Klement y Ulrike Kämmerer, «Is There a Role for Carbohydrate Restriction in the Treatment and Prevention of Cancer?», *Nutrition & Metabolism* 8, n.º 75 (octubre de 2011), www.nutritionandmetabolism. com/content/pdf/1743-7075-8-75.pdf.
23. George F. Cahill y Richard L. Veech, «Ketoacids? Good medicine?», *Transactions of the American Clinical and Climatological Association* 114 (2003): 149-163.
24. Jill Bolte Taylor, *My Stroke of Insight: A Brain Scientist's Personal Journey* (Nueva York: Viking Penguin, 2008), 146.
25. Douglas Dean and John Mihalasky, *Executive ESP* (Englewood Cliffs: Prentice Hall, 1974).
26. Daniel Kahneman, *Thinking, Fast and Slow* (Nueva York: Farrar, Straus and Giroux, 2011), 11.
27. «Gun Homicides and Gun Ownership by Country», *The Washington Post*, 17 de diciembre de 2012, www.washingtonpost.com/wp-srv/special/nation/gun-homicides-ownership/table.
28. Peter Gray, «The Decline of Play and Rise in Children's Mental Disorders», *Psychology Today*, 26 de enero de 2010, www.psychologytoday.com/blog/freedom-learn/201001/the-decline-play-and-rise-in-childrens-mental-disorders; «Any Mental Illness (AMI) among Adults», National Institute of Mental Health, www.nimh.nih.gov/statistics/1ANYDIS_adult.shtml; «Major Depression among Adults», National Institute of Mental Health, www.nimh.nih.gov/health/statistics/prevalence/major-depression-among-adults.shtml; «Any Anxiety Disorder among Adults», National Institute of Mental Health, www.nimh.nih.gov/health/statistics/prevalence/any-anxiety-disorder-among-adults.shtml.
29. Jean M. Twenge, et al., «Birth Cohort Increases in Psychopathology among Young Americans, 1938-2007: A Cross-Temporal Meta-analysis of the MMPI», *Clinical Psychology Review* 30, n.º 2 (marzo de 2010): 152.
30. William J. Broad, «Seeker, Doer, Giver, Ponderer», *The New York Times*, 7 de julio de 2014, D1.
31. Rainer J. Klement y Ulrike Kämmerer, «Is There a Role for Carbohydrate Restriction in the Treatment and Prevention of Cancer?»,

Nutrition & Metabolism 8, n.º 75 (octubre de 2011): www.nutritionandmetabolism.com/content/pdf/1743-7075-8-75.pdf.

32. Stephen Mitchell, *Bhagavad Gita: A New Translation* (Nueva York: Three Rivers Press, 2000), 95.
33. Ibid., 21.
34. Ibid., 88.
35. Swami Nikhilananda, trad, *The Bhagavad Gita* (Nueva York: Ramakrishna- Vivekananda Center, 1944), 285.
36. Mitchell, *Bhagavad Gita*, 105.
37. *The Essential Rumi*, trad. Coleman Barks con John Moyne (San Francisco: Harper San Francisco, 1995), 30.
38. «Nagara Sutta: The City», Sutta Nipata 12:65, trad. Thanissaro Bhikkhu (1997), www.accesstoinsight.org/tipitaka/sn/sn12/sn12.065.than.html.
39. Chögyam Trungpa, *The Truth of Suffering and the Path of Liberation*, ed. Judith L. Lief (Boston: Shambhala Publications, 2009), 49.
40. Dalai Lama, «10 Questions for the Dalai Lama», *Time*, 14 de junio de 2010, www.content.time.com/time/magazine/article/0,9171,1993865, 00.html
41. Edwin A. M. Gale, «The Rise of Childhood Type 1 Diabetes in the 20th Century», *Diabetes* 51, n.º 12 (diciembre de 2002): 3353-3361.
42. Dean Ornish et al., «Changes in Prostate Gene Expression in Men Undergoing an Intensive Nutrition and Lifestyle Intervention», *Proceedings of the National Academy of Sciences* USA 105, n.º 24 (junio de 2008): 8369-8374.
43. Joseph Campbell, *The Hero with a Thousand Faces* (Novato: New World Library, 2008), 205.
44. Swami Nikhilananda, trad., *The Bhagavad Gita* (Nueva York: Ramakrishna-Vivekananda Center, 1944), 77-78.
45. «Are Shrinking Brains Making Us Smarter?», *Discovery News*, 7 de febrero de 2011, www.news.discovery.com/human/psychology/shrinking-brains- intelligence-110207.htm.
46. Campbell, *Hero with a Thousand Faces*, 142.

SOBRE EL AUTOR

Alberto Villoldo es doctor en Filosofía, se formó como psicólogo y antropólogo médico y ha estudiado las prácticas sanadoras de los chamanes de la Amazonia y los Andes durante más de veinticinco años. Siendo profesor adjunto en la Universidad Estatal de San Francisco, fundó el Laboratorio de Autorregulación Biológica para estudiar cómo el cerebro crea la salud y las enfermedades psicosomáticas. Convencido de que la mente podía crear salud, dejó su laboratorio y viajó a la Amazonia para trabajar con chamanes de la selva y aprender sus métodos de sanación y su mitología.

El doctor Villoldo dirige la Sociedad de los Cuatro Vientos, donde forma a personas en Estados Unidos y Europa en la práctica de la energía energética chamánica. Es fundador de la Escuela del Cuerpo de Luz, que tiene sedes en Nueva York, California y Alemania. Dirige también el Centro para la Energía, en Chile, donde investiga y practica la neurociencia de la iluminación. Ha escrito muchos libros que se han convertido en *best-sellers*, entre los cuales se hallan *Chamán, sanador y sabio, Las cuatro revelaciones, El soñar valiente* y *Conecta tu cerebro*.

Su página web es www.thefourwinds.com.

AGRADECIMIENTOS

Quiero dar las gracias al doctor David Perlmutter por reparar mi cerebro, cuando yo creí que había perdido la mente. Al doctor Mark Hyman por ayudarme a sanar mi cuerpo y a descubrir un nivel extraordinario de salud, después que la medicina occidental me hubiera desahuciado. A mis maestros chamanes de los Andes, que sanaron mi alma, me mostraron el viaje tras la muerte y el camino para lograr una salud ilimitada. Estos ancianos sabios, hombres y mujeres, me enseñaron los principios de la medicina del espíritu y me permitieron captar un vislumbre de lo infinito.

Patricia Gift y Hay House han sido los mejores aliados y el mayor apoyo que cualquier autor podría desear, y mis editoras Sally Mason y Joan Oliver fueron un regalo de Dios.

Y sobre todo quiero manifestar mi profunda gratitud hacia mi esposa Marcela Lobos, mujer-medicina extraordinaria, que sanó mi corazón y me amó pacientemente mientras yo terminaba este libro.

ÍNDICE